JOURNAL OF BUSINESS MANAGEMENT No.43

# 日本経営学会誌 | 第43号

編集：日本経営学会
発行：中央経済社

| 目　次 |

▶投稿論文

オンラインC2Cプラットフォームにおけるユーザーの質の管理の検討 …………… 3
User Quality Control in Online C2C Platforms
　　土橋 力也　Rikiya Tsuchihashi

被買収企業における中核人材の離職要因 ……………………………………………… 15
The Causes of Key Personnel Turnover in an Acquired Firms
　　中村 文亮　Fumiaki Nakamura

機能性化学品の開発と工程イノベーション
　　— MAIS アプローチによる分析 — ………………………………………………… 28
Development of Specialty Chemicals and Process Innovation:
Analysis by MAIS Approach
　　淺井 洋介　Yousuke Asai
　　原 拓志　Takuji Hara

中国市場への進出における相互依存的立地選択行動と環境の不確実性
　　— 事業経験と参入モードの影響 — ………………………………………………… 40
Interdependent Location Choice Behavior of Japanese Auto Parts Firms in China:
Uncertainty, Experiences, and Entry Modes
　　竹之内 秀行　Hideyuki Takenouchi
　　高橋 意智郎　Ichiro Takahashi

戦略的転換・組織変革研究におりるモメンタム仮説と
　　ディセラレーション仮説 ……………………………………………………………… 53
Momentum and Deceleration in Change Research
　　小沢 和彦　Kazuhiko Ozawa

組織風土とチームの多様性が
　　トランザクティブ・メモリー・システムに及ぼす影響
　　　— プレッシャーのある風土と性別多様性に着目して — ……………………………… 66
The Effect of Organizational Climates and Team Diversity on
Transactive Memory Systems:
Climates Under Pressure and Gender Diversity
　　　大沼 沙樹　Saki Onuma

▶**書　　評**
竹内 竜介著
『外資系製薬企業の進化史
　　— 社会関係資本の活用と日本での事業展開 —』 ……………………………………… 80
　　　坂本 義和

▶**英文要旨**　English Abstracts　……………………………………………… 85

▶**第 43 号の編集を終えて**　from the Chief Editor　……………………………… 89
　　　加藤 志津子　Shizuko Kato
　　　井上 善海　Zenkai Inoue

# オンラインC2Cプラットフォームに おけるユーザーの質の管理の検討

土橋　力也
（愛知学院大学経営学部准教授）

| キーワード | ユーザーの質の管理，ツーサイド市場，オンラインC2Cプラットフォーム（OCP），事前と事後，トップとボトム |
| --- | --- |

## 1．はじめに

　近年，インターネットの普及に伴いオンラインでのC2C（consumer-to-consumer）ビジネスが急速に成長してきている（Jones & Leonard, 2008）。フリーマーケットアプリのメルカリやオークションサイトのヤフオク！など日本においてこれらは急速に成長してきた。このようなユーザー同士の出会いの場を提供している企業はプラットフォーム（もしくはプラットフォーム企業）と呼ばれ，そのプラットフォーム企業と異なる2種類のユーザーで形成される市場をツーサイド市場と呼ぶ（Rochet & Tirole, 2003）。

　ツーサイド市場においては，ユーザー数を獲得し，ネットワーク効果を得ることの重要性が多くの理論・実証研究で指摘されてきた（Evans & Schmalensee, 2007; Katz & Shapiro, 1985; Shankar & Bayus, 2003）。ツーサイド市場では，一方のサイドのユーザーの数が多くなることで反対のサイドのユーザーの効用が大きくなるというサイド間ネットワーク効果が働く（Eisenmann, Parker, & Van Alstyne, 2006）。多くのユーザー数を獲得したプラットフォーム（以下，PF）は，さらなるユーザーを獲得でき，最終的には一人勝ち（winner-take-all: WTA）の状況が生まれる（Frank & Cook, 1995）。

　たしかに，PF が競争優位を構築する上でユーザーの「数」は重要であるが，それと同じくらい重要なものはユーザーの「質」である。参加するユーザーの質が悪ければ，PF そのものの信頼性がなくなり，ユーザーが離れていく可能性がある（Roger & Vasconcelos, 2014）。その代表例は，アメリカの出会い系 PF であったチャットルーレット（Chatroulette）の崩壊である（Moazed & Johnson, 2016）。

　現実のビジネスにおいては，PF 企業によるユーザーの質の管理は非常に重要な問題で

(2018.9.17受付／2019.4.9受理)

ある。しかし，PF 企業がユーザーの質をどのように管理するのかについては十分に検討されてこなかった。とくに，オンライン C2C プラットフォーム（以下，OCP: Online C2C Platform）についての分析は蓄積されていない。そこで本研究では，ツーサイド市場，とくに OCP においてユーザーの質の管理のための理論的フレームワークを構築し，そのフレームワークをもとに実証分析を行う。

## 2．先行研究の検討

### 2-1．ツーサイド市場とPFの定義

　まず，ツーサイド市場と PF 企業について定義し，その後 OCP について定義する。ツーサイド市場とは，異なる 2 種類のユーザーグループを結びつけ，一つのネットワークを構築するような製品やサービスを意味する（Eisenmann et. al., 2006; Rochet & Tirole, 2003）。クレジットカードやオークション，テレビゲーム，新聞などが該当する。つぎに，PF 企業とは，そのようなツーサイド市場において異なる二つのユーザーを仲介する製品やサービスを提供している企業である。すなわち，PF は，ユーザー同士が出会う「場」を意味しており，その「場」を提供している企業が PF 企業である。最後に，OCP とは，Web 上で個人同士を結びつけ，ユーザー同士の相互作用を実現している主体である。メルカリやヤフオク！，Airbnb などが代表的な PF 企業である。

　PF 企業にはさまざまな類型がある。とくに，その PF が（1）オンライン・サービスなのか，それ以外かという軸と，（2）B2C なのか C2C なのかという軸で分類することができる。この二つの軸に基づいて分類した場合，（1）オンラインかつ C2C（Airbnb やメルカリなど），（2）オンラインかつ B2C（ホットペッパービューティーなど），（3）オンライン以外かつ C2C（従来型のオークションなど），（4）オンラ

イン以外かつ B2C（テレビゲームやテレビなど）の 4 つのグループに分類される。これらの 4 つのビジネスモデルは異なる特徴をもっているために，分類して議論を進めていく必要がある。そこで本研究では，PF 企業のなかでもとくにオンラインかつ C2C の PF について議論することにする。それは，この 4 つの分類のなかでも近年とくに成長し，注目を集めているのはオンラインかつ C2C の PF だからである。

　以下では，まずツーサイド市場に関する先行研究を検討する。OCP はツーサイド市場の一つの類型であり，ツーサイド市場の基本的な原理を理解する必要がある。ここではとくに重要な特徴であるネットワーク効果，プライシング，ユーザーの質について検討する。そして，先行研究の問題点を指摘した上で，研究課題を明らかにする。

### 2-2．ネットワーク効果とプライシング

　ツーサイド市場においては，ユーザー数を増やしてネットワーク効果を獲得することが競争優位の獲得のために重要である。一方のサイドのユーザー数が増えれば増えるほど，もう一方のサイドのユーザーにとってその PF を利用する魅力度が増える（Evans & Schmalensee, 2007）。たとえば，ゲーム業界では，ソフトの数が増えるほどその PF を利用したいと思うユーザーは増え，利用するユーザーが増えるほどその PF にソフトを提供したいと思う開発者は増える。このような正のフィードバックが生じることで，PF は競争力を増していく（Clements & Ohashi, 2005）。

　サイド間ネットワーク効果はツーサイド市場での中心的な分析課題であり，さまざまな業界での分析がなされてきた。テレビゲーム業界（Sun, Rajiv, & Chu, 2016），スマートフォン市場（Wang, Lai, & Chang, 2016），テレビ業界（Wilbur, 2008）など多くの業界においてその効果が分析されてきた。サイド間ネッ

トワーク効果が注目されている理由は，ユーザー数が競争優位に直結するからである。それでは，ユーザーを集めるためにはPF企業はどのような行動をすればよいのだろうか？

ユーザーを集めるための方策は多岐にわたるが，重要な戦略の一つとしてユーザーへのプライシングがあげられる。PF企業はユーザーへのプライシングによってユーザーの参加意欲をコントロールすることができる（Hagiu, 2006; Rochet & Tirole, 2006; Weyl, 2010）。しかし，ワンサイド市場と異なり，ツーサイド市場では「どちらのユーザーを優遇し，どちらのユーザーに課金するべきか」という問題を考えなければならない（Armstrong, 2006; Kaiser & Wright, 2006）。ユーザーへの非対称なプライシングこそがツーサイド市場の特徴であり，この非対称性をどのようにマネジメントするかが重要な研究課題となってきた。

非対称なプライシングとは，「課金するサイド」と「優遇するサイド」を設定することを意味する（Eisenmann et al., 2006）。価格志向の顧客グループを優遇する場合と品質志向の顧客グループを優遇する場合の2種類が考えられる。さらに，PFへの参加料（例：オークションの参加にかかる参加料）と利用料（例：オークションで落札したときにかかる手数料）をどちらのユーザーから徴収するのかも考慮しなければならない（Caillaud & Jullien, 2003）。それゆえ，PFにおけるプライシングの構造はワンサイド市場よりも複雑であり，注目を集めてきたのである。

## 2-3. ユーザーの質

一部のPFでは，「スーパースター」の獲得が競争優位に影響する（Binken & Stremersch, 2009）。テレビゲームにおける人気ソフト，パソコンにおけるキラーアプリケーション，ショッピングモールの人気ブランド店などがスーパースターの例である。一般のユーザーとは異なるスーパースターをPFに取り入れ

ることができれば，それを目当てに反対サイドのユーザーを集めることができる。

ユーザーの質がPFに与える影響は，ゲーム産業を中心に分析されてきた。たとえば，Binken & Stremersch（2009）はアメリカ市場における1993年1月から2004年12月の期間の11のハードのデータを利用し，スーパースターのソフトウェアの導入は，ハードウェアの売上を平均にして14％ほど上昇させることを明らかにした。また，Sun, Rajiv, & Chu（2016）もスーパースターの効果を示している。1995年1月から2000年9月までのプレイステーションとニンテンドウ64の売上データをもとに，スーパースターのソフトの導入がハードウェアの売上を上昇させることを明らかにした。

## 2-4. オンラインC2Cプラットフォームに関する研究

OCPにおける既存研究は，PFの信頼の構築に焦点を当ててきた。それは，OCPは，B2Cプラットフォームよりも高い次元の信頼が必要だからである（Lu, Zhao, & Wang, 2010）。C2Cでは知らない相手と取引を行うため，そのバイヤーが信頼できるかどうかを見極める必要がある。また，C2Cでは顧客がその製品に満足しなかった場合の商品に対する返品制度なども十分ではない。B2Cでは，サプライヤーはその商品に対する返品制度などを備えている場合が多いが，C2Cではそうではない（Yoon & Occeña, 2015）。

それでは，信頼の構築に影響を与える要素は何なのだろうか。この疑問に答えることが既存研究の中心であった。Jones & Leonard（2008）はウェブサイトの品質と第三者からの認証の二つが信頼の源泉であることを明らかにした。また，Yoon & Occeña（2015）は，Jones & Leonard（2008）の分析を手がかりに，信頼の源泉が年齢や性別によってどのように変化するのかを分析した。その結果，ウェブ

サイトの品質と第三者からの認証が全ての年代にとって信頼の源泉になることを示し，他の売り手や買い手からの信頼は40代以上のユーザーにとっては信頼の源泉になることを明らかにした。

## 2-5. 先行研究の不足点と検討すべき課題

既存研究ではネットワーク効果とプライシングが分析の焦点であり，ユーザーの質については十分に検討されてこなかった。一部の研究では，ユーザーの質について分析されてきたが，ゲーム産業におけるスーパースターの存在という一つの点しか光を当てていない。また，OCPに関する研究では，信頼の源泉に焦点が当てられており，ユーザーの質に関しては十分に検討されているとは言えない。ユーザーの質の管理はもっと多元的なものであり，幅広い観点から分析する必要がある。

たとえば，OCPにおけるユーザーの質の管理の問題として，スーパースターの影響だけではなく，悪意のあるユーザーをどのように排除するべきかも非常に重要である。悪意のあるユーザーは，PFの信頼を傷つけ，競争優位を低下させる。この事実を最もよく表す事例は，アメリカにおけるチャットルーレット（Chatroulette）の崩壊である（Moazed & Johnson, 2016）。チャットルーレットはWeb上で赤の他人が結びつき，ライブチャットを行うPFであったが，ルールが厳格に決められていなかったために，みだらな姿をさらしたり，低俗な行為を相手に見せるユーザーが急増した。それにより，善良なユーザーは抜け出し，PFは崩壊した（Moazed & Johnson, 2016）。

この事例は，ユーザーの質の管理がPFの存続に重要な影響を及ぼすことを示している。そして，以下の疑問を提供する。「悪意のあるユーザーを参加させないためにどのような施策が必要か？」，「もし，悪意のあるユーザーが入ってしまった場合，どのように

そのユーザーを見つけ，排除すべきか？」，「善良なユーザーだけを残し，相互作用をさらに促進するためにどのような施策をとるべきか？」，などである。このような疑問について，既存研究では十分な検討がなされておらず，分析のためのフレームワークを提供できていない。そこで，本研究では「OCPは，どのようなタイプのユーザーをどのようなタイミングで管理すべきか？」という問題について分析フレームワークを構築し，実証分析を行う。

## 3. ユーザーの質の管理の フレームワークの構築

本研究では，経営学だけでなく，経済学，マーケティング論などの知見を援用し，分析フレームワークを構築する。ユーザーの質を管理する方法として次の二つの軸が考えられる。第1は，事前（*ex ante*）と事後（*ex post*）である。第2は，トップとボトムのユーザーである。ここでは，この二つの軸を組み込んだユーザーの質の管理のフレームワークを構築し，OCPの競争戦略についての理解をより深める。

我々は，ユーザーの質を以下のように定義する。まず，質の良いユーザーとは，「OCPにとって望ましい行動をするユーザーであり，反対サイドのユーザーを強く惹きつけるユーザー」を意味する。一方で，質の悪いユーザーとは，「OCPにとって望ましくない行動をするユーザーであり，反対サイドのユーザーの参加をとどまらせたり，ユーザーを傷つけたり，OCP全体の信頼を損なう行動をとる悪意のあるユーザー」を意味する。

## 3-1. 事前と事後

何らかの制度を設計する際に，「事前」と「事後」に生じる問題の解決について多くの研究がなされてきた。古典的な事例は，逆選択とモラルハザードである（Akerlof, 1970）。

事前の問題である逆選択と事後の問題であるモラルハザードをどのように解決するかは中心的な課題であった。また，外部性を解決するために，事前の規制と事後の政策をどのように運用すべきかも議論されてきた（Kolstad, Ulen, & Johnson, 1990）。さらに，取引コスト理論においても，事前にかかるサーチコストや事後にかかるモニタリングコストを削減する制度設計のあり方が議論されてきた（Williamson, 1895）。

このように，社会における制度や取引を設計する際に，事前と事後に生じる問題を区別して考えることは非常に重要である。そこで，このような事前と事後の区別を PF 企業の事例に援用する。OCP における事前と事後の定義は次の通りである。事前とは，「ユーザーが PF に参加する前の段階におけるユーザーの選抜プロセス」を意味している。具体的には，どのような属性のユーザーを PF に参加させ，どのようなユーザーを参加させないのかに関するルールを設定することである。PF 企業がユーザーに個人情報を提出させ，その情報に基づいてスクリーニングすることがあげられる。事後とは「ユーザーが PF に参加した後の段階におけるユーザーに対する評価プロセス」を意味している。具体的には，ユーザーが参加した後で，PF 企業がユーザーの活動状況に応じて行う施策を意味する。ユーザーが取引の後に相互に行う「レビュー＆レーティング」システムがその典型例である。

## 3-2. トップとボトム

ユーザーは同質的ではなくそれぞれ異なる属性をもった異質的なものである。企業の売上に大きく貢献するユーザーもいれば，企業に悪影響を与えるユーザーもいる。ここでは，前者をトップユーザーとし，後者をボトムユーザーとして議論する。

トップユーザーとは，一般的なユーザーとは異なり，特別な能力を持ち企業の売上に大きく貢献するスーパースターを意味する（Binken & Stremersch, 2009; Rosen, 1981）。それらのスーパースターはごく少数しか存在しないが，企業もしくは業界の売上の大半を占めていることがある。たとえば，映画産業ではトップ 10％ の映画が業界全体の売上の 80％ を占めていたり（Collins, Hand, & Snell, 2002），音楽産業においてもトップ 10.8％ のアーティストが 1958 年から 1989 年にゴールドレコードを獲得したアーティスト全体の 43.1％ を占めている（Chung & Cox, 1994）。

OCP におけるトップユーザーとは，反対サイドのグループユーザーを強く惹きつけるようなスーパースターである。Airbnb における「スーパーホスト」や，食べログにおける「トップレビュワー」など，一般的なユーザーよりも強い影響力を持っているスーパースターが OCP の価値を高めている。このような状況下では，OCP 企業はトップユーザーをどれほど自分の PF に誘致できるか，もしくは既存ユーザーをトップユーザーへと育成できるかが非常に重要である。

一方で，トップだけでなく，企業に悪影響を与えるボトムのユーザーをどのように管理するかも重要な課題である。たとえば，インターネット掲示板における「荒らし」を行うユーザーなど（一藤・今野・曽根，2006），悪意のあるユーザーをどのように管理・排除すべきかは，組織にとっては死活問題であるといえる。

OCP では，企業ではなくユーザー同士がお互いに取引を行うため，悪意のあるユーザーが入り込んできた場合，PF そのものの価値を著しく低下させる（Evans & Schmalensee, 2016）。それゆえ，悪意のあるユーザーを排除し，ユーザー同士が安全に取引できるような PF の構築が求められるのである（Jones & Leonard, 2008）。

## 4．PF戦略へのインプリケーション

　これまでユーザーの質の管理の二つの軸を検討してきた。ここでは，事前・事後，トップ・ボトムの2軸を基に，理論的なモデルを示す（表1）。このモデルは4つの象限で構成されており，それぞれユーザーの質の管理の方法を示している。PF企業によるユーザーの質の管理は，PF企業の売上に影響を与える。OCPにおける売上は，ユーザーから徴収する手数料が主であり，ユーザー数と取引数が多くなればなるほど売上は大きくなる。トップユーザー（スーパースター）の存在は，PFの魅力を増大させ，ユーザーの取引意欲を高める。また，ボトムのユーザーの存在は，PFの信頼を低め，ユーザーの取引意欲を阻害する。このようにユーザーの質の管理はユーザーの信頼や取引意欲に影響し，ユーザー数の増加につながる。そして，最終的にはユーザー数の増加が売上の増加をもたらすと考えられる。以下では，このモデルを手がかりに，OCPによるユーザーの質の管理に対するインプリケーションを議論する。

### 4-1．第1象限：事前とボトム

　この象限は，事前のスクリーニングによって質の悪いユーザーがPFに入ってこないようにする方策を意味している。PF企業は基準を決めて，どのユーザーは参加できてどのようなユーザーは参加できないのかを明確に決める必要がある。そして，その基準をユーザーに公表し，参入を事前に阻止しなければならない。とくに，OCPでは，商品を購

入するユーザーではなく，製品やサービスなどを供給するサイドのユーザーに対しては事前のスクリーニングを厳しくする必要がある（Kyprianou, 2018）。また，悪意あるユーザーの行動が，反対サイドのユーザーに対して命の危険を与えるような場合も事前のスクリーニングが重要になる（Moazed & Johnson, 2016）。

　具体的なスクリーニングの方法として，ユーザーの身元照会があげられる。Uberでは，ドライバーとして申請する際，名前や電話番号，メールアドレスだけでなく，銀行口座などの支払い情報，社会保障番号などの個人情報を提示する必要がある。また，過去の犯罪歴の有無や違反運転の有無など調査をUberから委託された第三者機関が実施する。さらに，実際に使用する車輌の状態を確かめるために，Uberの車輌検査センターで検査を受ける必要がある。地域によって異なるが，たとえばニューヨークでは4ヶ月に一度は検査を受けなければならない[1]。このようなスクリーニングによって，犯罪歴のあるユーザーや整備不良の車輌を持つユーザーをPFに参入させないようにしている。このように，事前に質の悪いユーザーをブロックすることはPFの信頼性を高め，ユーザーの参加意欲と取引意欲を増大させると考えられる。

### 4-2．第2象限：事前とトップ

　この象限は，PFによるスーパースターの誘致を意味している。2-3でも指摘したように，PFがインストールベースをアップさせるためには，スーパースターの存在が大きな役割を果たしている（Zhong & Michahelles, 2012）。その際，そのスーパースターを自社の

表1：ユーザーの質の管理のフレームワーク

|  | トップ | ボトム |
|---|---|---|
| 事前 | 質の高いユーザーの誘致 | 質の悪いユーザーのスクリーニング |
| 事後 | 質の高いユーザーの育成 | 質の悪いユーザーの排除 |

PFが独占することが重要であり，もし他のPFでも同時に供給されればPFの差別化は困難となる（Cennamo & Santalo, 2013; Mantena, Sankaranarayanan, & Viswanathan, 2010）。それゆえ，スーパースターを自分のPFに誘致して，独占することが売上を高めるために重要である。

OCPでは，B2Cプラットフォームとは異なり，事前にスーパースターを特定し，誘致するのは難しい。それは，C2Cにおいては供給者は企業ではなく一般消費者であるからである。無数に広がる一般消費者の属性や商品・サービスの提供能力をPF企業が調査するのは現実的でない。メルカリやUberにおいてもそのようなスーパースターを事前に誘致するような活動はみられない。このように，テレビゲームなどのB2Cプラットフォームでは非常に重要だったPF企業による事前のスーパースターの誘致はOCPではその重要性は小さいと考えられる。

### 4-3．第3象限：事後とトップ

この象限は，ユーザーがPFに参加した後に，一般的な品質のユーザーをトップユーザーへと育てることを意味する。PFに参入する事前の段階からそのユーザーが優れている可能性はそれほど多くない。それゆえ，PF企業はユーザーに利用頻度を高めるようなインセンティブを提供してPFにコミットさせ，トップユーザーを作り出す。トップユーザーは，質の高い製品やサービスを提供してPFの魅力を増大させ，それによりPFの競争力を高める（Evans & Schmalensee, 2016）。

事後のトップの管理として，最もよく使われているのはレビュー＆レーティング・システムである。たとえば，Airbnbでは，1年に10人以上のゲストを受け入れるか，ゲストからの質問に対して9割以上の返答率を保持するか，ゲストからレビュー評価が5つ星である割合が8割以上であれば「スーパーホス

ト」として認定される。スーパーホストは検索で上位に表示されたり，専用の顧客サポートを得られたり，イベントに招待されたりする（Gallagher, 2017）。また，Yelpでも同様に，質の良いレビューを多く書いているレビューワーに「Yelp エリート・スクワッド」という称号を与えている。Yelp エリートの称号は毎年の審査で決定され，Yelp エリートだけが参加できるパーティーなどさまざまな特典がある。このYelp エリートが書いたレビューは，一般のレビューよりも2倍ほど高い影響力を持っていると推定されている（Luca, 2016）。

### 4-4．第4象限：事後とボトム

この象限は，ユーザーがPFに参加した後に，悪意のあるユーザーを発見し，排除することを意味している。事前のスクリーニングによってユーザーの質を管理したとしても，ルールの隙間から悪意あるユーザーが入ってきたり，善良なユーザーが途中で悪意あるユーザーへと変化することがある。悪意のあるユーザーが多くなれば，善良なユーザーは健全な取引をすることができずにPFから撤退してしまう（Moazed & Johnson, 2016）。PF企業は常にユーザーの行動を監視し，悪意あるユーザーを発見・排除する必要がある。

しかし，PF企業が全てのユーザーの行動を監視するのは不可能である。そこで，多くのPFではユーザー同士のレビュー＆レーティング・システムによって，悪意のあるユーザーを発見している。たとえば，Uberでは取引終了後に相互のサービスを5段階評価でレビューすることになっているが，平均点が4.6を下回ったドライバーは営業することができなくなる（Raval & Dourish, 2016）。

### 4-5．小　括

以上，事前と事後，トップとボトムを軸としたPF企業の4つの戦略オプションを提示した。これらの議論からつぎの仮説を提示す

ることができる。次項では，これらの仮説の検証を行う。

仮説1：事前のボトムユーザーの管理は，OCPのユーザーの取引意欲とPFへの信頼を高める。

仮説2：事前のトップユーザーの管理は，OCPのユーザーの取引意欲とPFへの信頼に影響しない。

仮説3：事後のトップユーザーの管理は，OCPのユーザーの取引意欲とPFへの信頼を高める。

仮説4：事後のボトムユーザーの管理は，OCPのユーザーの取引意欲とPFへの信頼を高める。

## 5．データと分析手法

本研究は，2019年3月6日〜7日に実施したインターネット調査会社のモニターに対する質問票調査から得られたデータを利用する。分析対象は，(1) メルカリでの購入経験者（n=242），(2) Airbnbの宿泊経験者（n=219）の461人である[2]。回答者の属性について，平均年齢は36.8歳，性別は男性213人・女性248人であった。ここでは，メルカリとAirbnbの両方をプールしたデータ（n=461）を分析する。

計測尺度は以下の通りである[3]。「事前の

ボトムの管理（Cronbach's $\alpha$ = 0.64）」，「事前のトップの管理（Cronbach's $\alpha$ = 0.75）」，「事後のトップの管理（Cronbach's $\alpha$ = 0.79）」，「事後のボトムの管理（Cronbach's $\alpha$ = 0.79）」の尺度は新たに作成した。また，「取引意欲（Cronbach's $\alpha$ = 0.84）」はPavlou & Gefen（2004）から，「PFへの信頼（Cronbach's $\alpha$ = 0.82）」はYoon & Occeña（2015）から，「決済システム（$\alpha$ = 0.76）」はPavlou & Gefen（2004）から作成した。全ての項目について，「全くそう思う」から「全くそう思わない」の5段階のリッカート尺度で計測し，それぞれの項目についての平均値を算出した[4]。基本統計量と相関係数は表2の通りである。

従属変数は「取引意欲」，「PFへの信頼」である。OCPの先行研究では，「取引意欲」と「信頼」の変数が使われることが多いため（e.g. Lu, Zhao, & Wang, 2010），本研究ではその二つを従属変数とする。独立変数は，「事前のボトムの管理」，「事前のトップの管理」，「事後のトップの管理」，「事後のボトムの管理」である。コントロール変数は，「性別」，「年齢」，「決済システム」，「Airbnbダミー」である。これらのデータについて，重回帰分析を行う。

## 6．結果と考察

重回帰分析の結果を表3に示す。従属変数

表2：基本統計量と相関係数

|  | Mean | SD | 1 | 2 | 3 | 4 | 5 | 6 | 7 | 8 | 9 |
|---|---|---|---|---|---|---|---|---|---|---|---|
| 1 取引意欲 | 3.57 | 0.83 | | | | | | | | | |
| 2 PFへの信頼 | 3.38 | 0.7 | 0.38 | | | | | | | | |
| 3 事前ボトム | 2.9 | 0.72 | -0.02 | 0.41 | | | | | | | |
| 4 事前トップ | 3.37 | 0.67 | 0.6 | 0.31 | 0 | | | | | | |
| 5 事後トップ | 3.47 | 0.81 | 0.61 | 0.34 | 0.01 | 0.71 | | | | | |
| 6 事後ボトム | 3.32 | 0.65 | 0.55 | 0.25 | -0.09 | 0.68 | 0.68 | | | | |
| 7 性別 | 0.54 | 0.5 | 0.11 | 0.05 | 0.02 | 0.09 | 0.16 | 0.08 | | | |
| 8 年齢 | 36.81 | 13.87 | -0.04 | 0 | 0.03 | -0.01 | -0.12 | -0.04 | -0.07 | | |
| 9 決済システム | 3.36 | 0.67 | 0.6 | 0.33 | -0.05 | 0.68 | 0.64 | 0.67 | 0.12 | 0.06 | |
| 10 Airbnbダミー | 0.48 | 0.5 | -0.04 | 0.01 | 0.23 | 0.11 | 0.02 | 0.02 | -0.1 | -0.08 | -0.03 |

注：性別は1が女性，0が男性である。

は，取引意欲（モデル1，2）とPFへの信頼（モデル3，4）である。それぞれ最初に独立変数を投入し，その後コントロール変数を投入した。事前のボトムについては，取引意欲には影響せず，PFへの信頼のみ正の影響を与えている（p<0.01）。これは部分的に仮説1を支持している。つぎに，事前のトップについて，取引意欲には正の影響を与えているが（p<0.01），PFの信頼へは影響していない。よって，仮説2は支持されなかった。そして，事後のトップについて，取引意欲とPFの信頼の両方に正の影響を与えている（p<0.01）。よって，仮説3は支持された。最後に，事後のボトムについては，モデル1以外は全て有意ではなかった。よって，仮説4は支持されなかった。

以上の結果についての考察は以下の通りである。本研究の結果から総合的に判断すれば，PFの信頼を高めるためには，ボトムの管理（質の悪いユーザーのスクリーニング）が必要であり，ユーザーの取引意欲を高めるためには，トップの管理（魅力のあるユーザーの誘致・育成）が必要であると言える。

事前のボトムの管理について見てみると，事前のボトムの管理はPFの信頼を高めるが取引意欲については影響していない。これは，悪意あるユーザーを事前に排除すること

はPFの信頼の構築に繋がるが，安全な取引の場を提供するだけではユーザーの取引意欲には影響しないことを意味している。一方で，事前のトップと事後のトップの管理は，ユーザーの取引意欲に正の影響を与えている。したがって，信頼の構築と取引意欲の向上は別の要因が影響しており，PF企業はそれらの要因を別々にマネジメントする必要があることを，本研究の結果は示唆している。

一方で，事後のボトムの管理（仮説4）が影響しなかった要因について，メルカリやAirbnbではUberのように星の評価が低いユーザーをPF企業が積極的に排除していないことが考えられる。それゆえ，星の評価の低いユーザーや悪いコメントが多いユーザーは，PFにある程度は存在してしまうのである。ユーザー自身は悪意あるユーザーを星の評価などで発見できるが，PF企業がそのようなユーザーを積極的に排除していないので，信頼には影響しなかったと考えられる。

## 7．本研究の貢献と今後の研究の課題

本研究の貢献は次の二つである。第1は，ツーサイド市場の研究において十分に検討されてこなかったユーザーの質に焦点を当て，

表3：回帰分析結果

| | 取引意欲 | | | | PFへの信頼 | | | |
|---|---|---|---|---|---|---|---|---|
| | モデル1 | | モデル2 | | モデル3 | | モデル4 | |
| 切片 | 0.666*** | (0.208) | 0.486** | (0.22) | 0.967*** | (0.196) | 0.829*** | (0.209) |
| 事前ボトム | -0.006 | (0.041) | 0.02 | (0.041) | 0.396*** | (0.038) | 0.425*** | (0.039) |
| 事前トップ | 0.357*** | (0.068) | 0.277*** | (0.07) | 0.133** | (0.064) | 0.084 | (0.067) |
| 事後トップ | 0.318*** | (0.056) | 0.248*** | (0.057) | 0.170*** | (0.053) | 0.123** | (0.054) |
| 事後ボトム | 0.187*** | (0.068) | 0.086 | (0.069) | 0.069 | (0.064) | -0.006 | (0.066) |
| 性別 | | | 0.015 | (0.058) | | | -0.039 | (0.055) |
| 年齢 | | | 0.002 | (0.002) | | | -0.001 | (0.002) |
| 決済システム | | | 0.314*** | (0.064) | | | 0.224*** | (0.061) |
| Airbnbダミー | | | -0.114* | (0.06) | | | -0.142** | (0.057) |
| Observations | 461 | | 461 | | 461 | | 461 | |
| R2 | 0.44 | | 0.475 | | 0.289 | | 0.321 | |
| Adjusted R2 | 0.435 | | 0.465 | | 0.283 | | 0.309 | |
| F Statistic | 89.639*** | | 51.071*** | | 46.281*** | | 26.708*** | |

注：括弧内の数値は標準誤差を示す。*p<0.1; **p<0.05; ***p<0.01

OCP におけるユーザーの質の管理のための理論的フレームワークを構築したことである。ユーザーの質の管理は実務的には非常に重要な問題ではあるものの，過去の研究ではネットワーク効果やプライシングに関する分析が多く，研究が蓄積されていなかった。そこで本稿では，ユーザーの質の管理に影響する二つの軸（事前・事後，トップとボトム）をもとに，4 つの戦略オプションを提示した[5]。このことは，理論的・実務的なインプリケーションを持つだろう。

第 2 は，4 つの戦略オプションについて限定的ながらも実証分析を行い，どの要因がユーザーの意欲に影響するのかを明らかにしたことである。本研究の結果は，PF の信頼を高めるためには，ボトムの管理（質の悪いユーザーのスクリーニング）が必要であり，ユーザーの取引意欲を高めるためには，トップの管理（魅力のあるユーザーの誘致・育成）が必要であることを示していた。事前に質の悪いユーザーを排除し，事後的に魅力的なトップユーザーを育成することで，PF の信頼を高め，ユーザーの購買意欲を向上させることができる。そのためには，出品時の偽ブランドの取り締まりや，取引後のレビュー＆レーティング・システムが有用なシステムであることを明らかにした。

今後の研究の課題は，実証分析で使用したデータと分析手法についてである。本研究では，メルカリと Airbnb という代表的な OCP のデータを活用した。しかし，他の OCP のデータを利用した場合，異なる結果が生じる可能性がある。それは，OCP のなかでも戦略の違いによって 4 つの戦略オプションの重要度が企業によって異なるからである。それゆえ，他の OCP のデータで検証する必要があるだろう。さらに，本研究で使用した項目には，信頼性係数がやや低いものがあり，質問項目をより洗練する必要がある。質問項目を洗練した上で，SEM（構造方程式モデリング）

などの手法を用いて信頼と取引意欲の関係性も含めた統合的なモデルを分析する必要があると考えられる。

[謝辞]　本論文は，JSPS 科研費（16K17171）の助成を受けている。

【注】
（1）　Uber.com のウェブサイトより引用（https://www.uber.com/drive/new-york/inspections/, 2018 年 11 月 30 日アクセス）。
（2）　本研究では，メルカリおよび Airbnb の買い手の経験があるものだけを対象とする。利用者のみを抽出するために，スクリーニング調査を実施した。具体的には，質問票のなかで，「メルカリ（Airbnb）で商品を購入した（宿泊した）経験があるか」という項目を作り，該当するユーザーだけを抽出してその後の質問票に回答してもらった。
（3）　計測尺度は以下の通りである。「事前のボトム」の質問項目は，「メルカリには，買い手をだます悪意ある出品者が参加している（逆転項目）」，「メルカリでは，偽ブランド品が出品されている（逆転項目）」である。なお，「メルカリでは，偽ブランドを出品できないためのシステムが整っている」，「メルカリでは，買い手をだます悪意ある出品者を参加させないためのシステムが機能している」の 2 項目は，α 係数が低下したために削除した。

「事前のトップ」は，「メルカリには，魅力的な商品を提供する出品者が参加している」，「メルカリは，魅力的な商品を提供する出品者を集めるために努力している」，「メルカリにおいて，魅力的な商品を提供する出品者を集めるためのシステムは機能している」である。

「事後のトップの管理」は，「出品者に対する評価コメントの存在は，魅力的な出品者の発見に役立っている」，「出品者に対する「星の評価（良い・普通・悪い）」の存在は，魅力的な出品者の発見に役立っている」である。なお，「メルカリは，星の評価が高い出品者を優遇している」という項目は，α 係数が低下したために削除した。

「事後のボトムの管理」の質問項目は，「出品者に対する評価コメントの存在は，買い手をだます

悪意ある出品者の発見に役立っている」,「出品者に対する「星の評価(良い・普通・悪い)」の存在は,買い手をだます悪意ある出品者の発見に役立っている」,「取引の最中に出品者とコメントでやりとりすることは,買い手をだます悪意ある出品者の発見に役立っている」,「メルカリは,買い手をだます悪意ある出品者の行動を適切に監視している」である。

「取引意欲」は,「機会があれば,メルカリで商品を買うことを検討したい」,「近い将来,メルカリで商品を買う可能性が高い」,「もし機会があれば,メルカリで商品を購入する予定である」。

「メルカリへの信頼」は,「メルカリは信頼できない(逆転項目)」,「取引時のトラブルが多いので,メルカリは信頼できない(逆転項目)」,「全体的に,メルカリの出品者は約束を守らない(逆転項目)」,「メルカリを信頼することは,自分の首を絞めることになる(逆転項目)」である。

「決済システム」は,「メルカリの決済システムでは,商品を買うときに支払った代金は保証されている」,「メルカリの決済システムは,出品者の不適切な行動から私を守っている」,「メルカリは,出品者がお金を簡単にだまし取れないことを保証している」である。

なお,Airbnbの質問項目については,内容は同じで文面をAirbnbに変更してある。例外は,「事前のボトム」についてであり,ここではブランド品ではなく,「Airbnbでは,ホストは嘘の情報を掲載している」,「Airbnbでは,ホストに嘘の情報を掲載させないためのシステムが機能している」という項目に変更している。

(4) 逆転項目については,点数をもとに戻して計算している。

(5) ユーザーの質の管理はユーザーの意向に影響することを指摘したが,もちろん他にもPF企業にとって重要な戦略は存在する。PF企業はさまざまなユーザーを惹きつけ,相互作用を生み出しながらエコシステムを拡大し,より強力なネットワーク効果を生み出すことも重要であると考えられる。

## 【参考文献】

Akerlof, G. A. (1970) The market for "lemons": Quality uncertainty and the market mechanism. *Quarterly Journal of Economics*, 488-500.

Armstrong, M. (2006) Competition in two-sided markets. *RAND Journal of Economics*, 37(3), 668–691.

Binken, J. L., & Stremersch, S. (2009) The effect of superstar software on hardware sales in system markets. *Journal of Marketing*, 73(2), 88–104.

Caillaud, B., & Jullien, B. (2003) Chicken & Egg: Competition among intermediation service providers. *RAND Journal of Economics*, 34(2), 309.

Cennamo, C., & Santalo, J. (2013) Platform competition: Strategic trade-offs in platform markets. *Strategic Management Journal*, 34(11), 1331–1350.

Chung, K. H., & Cox, R. A. K. (1994) A Stochastic model of superstardom. An application of the yule distribution. *Review of Economics & Statistics*, 76(4), 771–775.

Clements, M. T., & Ohashi, H. (2005) Indirect network effects and the product cycle: Video games in the US, 1994–2002. *Journal of Industrial Economics*, 53(4), 515–542.

Collins, A., Hand, C., & Snell, M. C. (2002) What makes a blockbuster? Economic analysis of film success in the United Kingdom. *Managerial and Decision Economics*, 23(6), 343–354.

Eisenmann, T., Parker, G., & Van Alstyne, M. W. (2006) Strategies for two-sided markets. *Harvard Business Review*, 84(10), 92.

Evans, D. S., & Schmalensee, R. (2007) *Catalyst code: The strategies behind the world's most dynamic companies*. Boston: Harvard Business School Press.

——— (2016) *Matchmakers: The new economics of multisided platforms*. MA: Harvard Business Review Press.

Frank, R. H., & Cook, P. J. (1995) *The winner-take-all society*. NY: Free Press.

Gallagher, L. (2017) *The Airbnb story: How three ordinary guys disrupted an industry, made billions... and created plenty of controversy*. Houghton Mifflin Harcourt.

Hagiu, A. (2006) Pricing and commitment by two-sided platforms. *RAND Journal of Economics*, 37(3), 720–737.

Jones, K., & Leonard, L. N. K. (2008) Trust in

consumer-to-consumer electronic commerce. *Information & Management*, 45(2), 88–95.

Kaiser, U., & Wright, J. (2006) Price structure in two-sided markets: Evidence from the magazine industry. *International Journal of Industrial Organization*, 24(1), 1–28.

Katz, M. L., & Shapiro, C. (1985) Network externalities, competition, and compatibility. *American Economic Review*, 75(3), 424–440.

Kolstad, C. D., Ulen, T. S., & Johnson, G. V. (1990) Ex-post liability for harm vs. ex-ante safety regulation: Substitutes or complements? *American Economic Review*, 888–901.

Kyprianou, C. (2018) Creating Value from the Outside In or Inside Out: How Nascent Intermediaries Build Peer-to-Peer Marketplaces. *Academy of Management Discoveries*, 4(3), 336–370.

Lu, Y., Zhao, L., & Wang, B. (2010) From virtual community members to C2C e-commerce buyers: Trust in virtual communities and its effect on consumers' purchase intention. *Electronic Commerce Research and Applications*, 9(4), 346–360.

Luca, M. (2016) Reviews, reputation, and revenue: The case of yelp. com. *Harvard Business School NOM Unit Working Paper*, No. 12-016.

Mantena, R., Sankaranarayanan, R., & Viswanathan, S. (2010) Platform-based information goods: The economics of exclusivity. *Decision Support Systems*, 50(1), 79-92.

Moazed, A., & Johnson, N. L. (2016) *Modern monopolies: What it takes to dominate the 21st century economy*. NewYork: St. Martin's Press.

Pavlou, P. A., & Gefen, D. (2004) Building effective online marketplaces with institution-based trust. *Information Systems Research*, 15(1), 37–59.

Raval, N., & Dourish, P. (2016) Standing out from the crowd: Emotional labor, body labor, and temporal labor in ridesharing. *In Proceedings of the 19th ACM Conference on Computer-Supported Cooperative Work & Social Computing* (pp. 97–107). ACM.

Rochet, J. C., & Tirole, J. (2003) Platform competition in two-sided markets. *Journal of the European Economic Association*, 1(4), 990–1029.

——— (2006) Two-sided markets: a progress report. *RAND Journal of Economics*, 37(3), 645–667.

Roger, G., & Vasconcelos, L. (2014) Platform pricing structure and moral hazard. *Journal of Economics & Management Strategy*, 23(3), 527–547.

Rosen, S. (1981) The economics of superstars. *American Economic Review*, 71(5), 845–858.

Shankar, V., & Bayus, B. L. (2003) Network effects and competition: An empirical analysis of the home video game industry. *Strategic Management Journal*, 24(4), 375–384.

Sun, L., Rajiv, S., & Chu, J. (2016) Beyond the more the merrier: The variety effect and consumer heterogeneity in system markets. *International Journal of Research in Marketing*, 33(2), 261–275.

Wang, J., Lai, J.-Y., & Chang, C.-H. (2016) Modeling and analysis for mobile application services: The perspective of mobile network operators. *Technological Forecasting and Social Change*, 111, 146–163.

Weyl, E. G. (2010) A price theory of multi-sided platforms. *American Economic Review*, 100(4), 1642–1672.

Wilbur, K. C. (2008) A two-sided, empirical model of television advertising and viewing markets. *Marketing Science*, 27(3), 356–378.

Williamson, O. E. (1985) *The economic institutions of capitalism*. Simon and Schuster.

Yoon, H. S., & Occeña, L. G. (2015) Influencing factors of trust in consumer-to-consumer electronic commerce with gender and age. *International Journal of Information Management*, 35(3), 352–363.

Zhong, N., & Michahelles, F. (2012) *Long tail or superstar?* LARGE 3.0 Conf. 11–14.

一藤裕・今野将・曽根秀昭（2006)「テキストベースコミュニケーションにおける阻害行為に関する評価手法の提案」『情報処理学会研究報告インターネットと運用技術（IOT)』55, 43–47.

# 被買収企業における
# 中核人材の離職要因

中村　文亮
（大阪大学大学院経済学研究科博士後期課程）

---

| キーワード | 企業買収，中核人材，離職，PMI，組織介入 |
|---|---|

---

## 1．はじめに

　本稿は，企業買収後の組織統合過程を複数事例から分析し，被買収企業における中核人材の離職要因を組織の構造および内部体制の観点から探索するものである。買収がその価値を生み出すためには，買収を受けた企業のエグゼクティブ，シニアマネージャーや上級技術者などの中核人材の活躍が欠かせない。しかし，既存研究では離職への影響要因として，買収時の組織間関係や取引形態に焦点を当てる一方で，買収後の組織の構造や体制面の変化がもたらす影響については十分に理解されてこなかった。本研究の分析からは，中核人材の保持のためには，既存研究で提示されている被買収企業の組織構造を統合せずに子会社化して維持するという選択が必ずしも有効ではないことが判明した。事例では，子会社として維持したまま段階的に買収企業が組織介入を行う場合には，中核人材の地位と権限の不均衡が生じることで離職が引き起こされることがわかった。

　買収後の企業統合（PMI：Post Merger Integration）研究において，被買収企業における中核人材の離職要因の探索が多くなされてきたが，買収後の組織政策に焦点を当てるものは少なかった。既存研究では，買収時点の諸要因，例えば組織規模，業績，公開買付けの有無などが買収直後の離職に影響することを解明してきた一方で，これらの要因は買収中長期後に発生する離職を十分に説明できていなかった。また，被買収側人材の心理的側面に注目した研究では，買収後の新組織における公平性や相対的地位の認知が離職行動の背景にあることが報告されているが，これらの認知がどのような組織構造・体制面の変化によって引き起こされるのかについては十分に明らかにされていない。しかしながら，買収企業は被買収側組織を自社の戦略や方針に応じて再

---

（2018.10.17受付／2019.3.13受理）

編していくことが知られており，特に組織の上位に位置する中核人材にとっては，買収後のマネジメント体制の変化は離職行動の重要な背景となりうる。したがって，被買収側の人々における買収後の離職要因を探索する際には，買収時点で判明する組織自体や買収の特徴だけでなく，買収後の組織内部の統合過程に注目した分析が求められる。

　本稿では，近年発生した6件の技術獲得を目的とした買収事例を分析し，買収後に中核人材が離職した2事例について詳細を明らかにした上で理論的な検討をしていく。第2節では被買収側人材の離職に関する既存研究のレビューを行い，リサーチギャップを明らかにする。第3節では本稿で用いる研究手法を説明する。第4節では中核人材が離職した2事例において，その過程を描き出すとともに，他の事例と比較することで離職事例が持つ特徴を抽出する。第5節では学術面および実務面へのインプリケーションを述べる。

## 2. 既存研究のレビュー

### 2-1. 既存研究

　企業が買収から価値を生み出すためには，被買収企業の中核人材の獲得が重要である。実際，被買収企業のエグゼクティブ，シニアマネージャーや主任技術者が買収後の財務業績や技術開発に貢献していることが知られている（Aguilera & Dencker, 2004; Graebner, 2004; Ranft & Lord, 2000; Vasilaki, Tarba, Ahammad, & Glaister, 2016）。買収後のマネジメントには被買収企業内の組織や価値への深い理解が必要であり，このような知識を有するシニアマネージャーは買収後の組織統合を促進する（Hambrick & Cannella, 1993）。また，Ranft & Lord（2000）では被買収企業のR&D，マーケティングやミドルマネジメントなどの部門における中核人材（key employee）の獲得が企業間の知識移転を促進していることを報告している。この研究によると，主要な従業員が持つ暗黙知および社会的に複雑な知識が企業内のコア・コンピタンスを構築しているため，このような人材の離職は本人が持つ知識自体が流出するだけなく，それに関連する他の技術や市場の知識の理解を難しくさせると述べている。

　しかしながら，被買収企業の中核人材は買収を契機として離職する傾向にある。Walsh（1988）では被買収側のトップマネージャーは将来の不確実性を感じ，また固有の組織文化の変化に直面するために離職を選択する確率が高くなると指摘している。この研究では，トップマネージャーの離職率を買収されたグループと買収を受けていないコントロールグループで比較し，前者のグループが買収後5年間全てにおいて離職率が高くなる傾向にあることがわかった。また，Ernst & Vitt（2000）ではドイツの製造業における買収の研究から，実に被買収企業の主任技術者の3分の1以上が買収後に離職していたことを発見している。このような被買収企業の人々の高い離職傾向は，心理的側面からも確認できる。Melkonian, Monin, & Noorderhaven（2011）では，航空会社間で発生した買収の調査から，取引後に被買収側従業員の協力意欲が買収側と比較して統計上有意に低下していることを示している。

　そこでPMI研究者は，被買収側の中核人材の維持や離職を左右する要因について大きく3つの観点から探索してきた。1つ目は，組織統合の有無である。企業は被買収企業やその研究開発部門を自社内に取り込むことで組織統合を実現するか，もしくは自社の組織外で子会社として維持することで自律性を保つ選択ができる。組織統合のメリットとして，異なる企業の人々による直接的な協働が達成されるだけでなく，自社が持つ構造，権威，仕事の習慣および手順を被買収企業の人々に共有させることによって2社間の密接な交

流や調整が可能になる点がある（Larsson & Finkelstein, 1999; Puranam, Singh, & Chaudhuri, 2009）。しかし，これらのハード・ソフト面における支配的関係は被買収企業の人々が築いてきたルーティンや組織文化の破壊につながることで離職をもたらすと言われている（Larsson & Finkelstein, 1999; Marks & Mirvis, 2011; Nahavandi & Malekzadeh, 1988）。実証研究では，買収時の組織統合が被買収側従業員の離職を統計上有意に促進することが報告されている（Paruchuri, Nerkar, & Hambrick, 2006）。

　2つ目は，被買収側の人々が買収企業に対して感じる相対的地位（relative standings）という観点である。Frank（1985）は社会環境が近い他者と比較した時に，個人が感じる地位の公平感として相対的地位という概念を導入した。Hambrick & Cannella（1993）では被買収企業のエグゼクティブは買収企業の人々に対する相対的地位の低下，つまり被買収企業側が買収企業よりも劣っており，支配されているという状況を知覚することによって離職することを発見した。彼らは，相対的地位の低下を感じるような状況，例えば買収前の被買収企業の低い財務成績，企業規模の違い，公開買付けの実施，自律性の剥奪が買収後のエグゼクティブの離職と相関していることを報告している。さらに，この相対的地位は被買収企業のエグゼクティブだけでなく，中核的な従業員や技術者においても買収後の離職に影響をもたらすことが知られている（Ranft & Lord, 2000）。

　最近の研究では，相対的地位に対して組織的公平性の観点を取り入れて，買収に関わるより詳細な公平性と離職行動の関係について調査している。Sung et al.（2017）は，M&A後における従業員の分配的公平性，つまり給料水準が他の従業員と比較して適切であるという認知が離職意思の低下に貢献していることを発見した。また，Bebenroth & Thiele（2017）では被買収側従業員が認知する公平

性を，情報的，対人的そして手続き的公平性の3つの基準に分類し，これらの公平性と組織コミットメントへの関係を経時的に調査した。この研究では，買収直後から半年後にかけては手続き的公平性，つまり買収後の組織の統治構造や意思決定の手順の適切さが従業員のコミットメントに強く影響しているが，1年後の時点ではその関係はなくなり，一方で対人的公平性，すなわち自身への組織からの扱いが適切かどうかが主要な影響力を持つことを示している。このように，相対的地位や公平性は被買収側の人々の離職意思の背景となるが，その内容は経時的に変化することがわかる。

　3つ目の観点は，ファイナンシャルインセンティブである。被買収側の中核的人材が生み出す経済的利益を適切に分配する仕組みの導入は，上述した買収企業への相対的地位感を是正するだけでなく，労働市場と比較して高い報酬を得られる期待をもたらすことで組織への定着につながる。Kapoor & Lim（2007）ではこの問題は技術者や研究者などの高度に知識集約的な成果物を扱う人々にとって特に重要であると指摘している。このような人々が生み出す成果物は明確に可視化できず，即時的に商業化されにくい特性を持つために，買収を契機として新たに支配する企業にとっては適切に評価することが難しい。当該研究では，買収企業によって行われる被買収側のR&D人材への評価と報酬にミスマッチが存在することが人材の流出につながると指摘している。

## 2-2．リサーチギャップ

　企業が買収から戦略的価値を生み出すためには，被買収側の中核人材の長期的な社内での活躍が必要である（Graebner, 2004）。Walsh（1988）が指摘したように，買収後数年経過した時点においても依然として被買収側の離職率は通常企業と比較して高いことを踏まえ

ると，買収直後だけでなく買収中長期後に発生する離職行動の要因を探索する必要があろう。

しかしながら，買収時点の組織統合，相対的地位およびファイナンシャルインセンティブの要因は被買収企業の中核人材の買収直後の離職行動を説明しているものの，買収中長期後の離職と関係しているかは十分にわかっていない。実際に，買収時点の組織関係，買収自体の特徴また評価制度の導入が与える離職行動への影響力は買収後3～4年目になると大きく低下することが知られている（Hambrick & Cannella, 1993）。

離職要因の包括的な理解のためには，買収後の組織統合過程に注目した分析が求められる。被買収側の組織構造や権限体制は買収企業の方針，戦略や業績に応じて断続的または突発的に再編される（Vaara, 2003）。そして，これらの変化は，特にエグゼクティブやシニアマネージャーなどの組織の運営に関わるマネジメント層の人材にとって組織への定着を左右する重要な背景となるだろう。

また，組織における相対的地位や公平性などの心理的要因は買収後に経時的に変化することが報告されているが，これらの心理的変化がどのような組織環境によって誘発されるのかについては明らかにされていない（Bebenroth & Thiele, 2017）。上述したように，買収時の組織の構造やマネジメント体制は取引直後の人々への心理的状況に変化をもたらすことで離職行動に影響を与えることが知られている。

したがって，買収後の統合過程で被買収側の中核人材を取り巻く組織の境界線，システムや権限の再編が往々にして発生することを考慮すると，これらの組織要因の変化から離職行動につながるメカニズムを理解することが重要であると考えられる。

## 3．研究方法

以上のような既存研究のレビューより，本研究の目的は買収後のエグゼクティブやシニアマネージャーなどの中核人材の離職に焦点を当て，その背景に存在する組織要因を明らかにすることである。研究方法として，買収後の組織内部の因果関係を詳細に明らかにするため，また理論構築に有効とされる複数事例の分析を採用する（Yin, 1994）。事例分析は人々が行う役割や相互作用，そしてその結果として生じる因果関係を明らかにできる。さらに複数事例の比較により，外的妥当性が高い関係の特定が可能となる。

分析プロセスは以下の通りである。まず近年行われた6社の買収事例を調査し，その中から被買収側のエグゼクティブ，シニアマネージャーおよび上級管理職が離職した事例をピックアップしてその詳細を明らかにする。その後，離職事例群と他の事例群を比較することで，離職事例が持つ特徴を抽出する。

本分析で取り扱う買収事例は，技術獲得または強化を目的として実施された技術獲得型買収である（Ahuja & Katila, 2001）。このような買収では被買収企業の取締役や上級技術者などの技術および知的資源を持つ人々は，買収企業が買収目標を達するための重要な要素であるために，本稿の分析のための設定としてふさわしいと考えられる（Graebner, 2004; Ranft & Lord, 2000）。サンプルは業種横断的な因果関係を特定するために6つの業種から選択されている（Strauss & Corbin, 1994）。また，Puranam, Singh, & Zollo（2006）で指摘されたように，被買収企業が位置する研究開発段階によってPMIが与える影響は異なるため，今回の事例では買収前に自社製品の投入経験がある企業のみを対象にする。被買収企業の規模は小規模企業1社（売上高50億円未満），中堅企業4社（売上高50億～500億円

▶被買収企業における中核人材の離職要因

表1：各事例およびインタビューの概要

| 買収企業 | 被買収企業 | 被買収企業の規模 | 取引の形態 | 業種 | 買収後の離職 | インタビュー対象者 |
|---|---|---|---|---|---|---|
| A社 | G社 | 大手企業 | 事業買収 | 医療機器 | 複数の一般技術者の離職 | G社：1人 |
| B社 | H社 | 中堅企業 | 全社買収 | 精密機械 | 複数のシニアマネージャーの離職 | H社：1人 |
| C社 | I社 | 中堅企業 | 全社買収 | 化学 | 技術部門のシニアマネージャーと部下の離職 | C社：2人 |
| D社 | J社 | 小規模企業 | 全社買収 | IT | 離職なし | D社：2人 |
| E社 | K社 | 中堅企業 | 全社買収 | 機械工具 | 離職なし | E社：2人 K社：8人 |
| F社 | L社 | 中堅企業 | 全社買収 | 産業機器 | 離職なし | F社：1人 |

出典：事例調査より筆者作成。

未満），大手企業1社（売上高500億円以上）と多様性を確保している。

データの収集に関しては，半構造化インタビューと公的資料（有価証券報告書，プレスリリースおよび新聞記事など）の2種類を中心に利用した。各事例のインタビューの対象者として，買収の全体のプロセスを俯瞰でき，かつ買収後の被買収側の取締役会や研究開発員をよく知るシニアマネージャーを少なくとも1名は各事例から選択している。計6事例のうち，1事例は買収に関与した双方の企業のマネージャーから聞き取りを行っており，その他3事例は買収企業側，残り2事例は被買収企業側のそれぞれのマネージャーから聞き取りを行った。インタビューの対象者は合計17人である。半構造化インタビューは全て対面で行い，インタビューの時間は各1人当たりおよそ1時間から2時間程度である。さらに追加の検証の際にはメールおよび電話にて聞き取りを行った。全てのインタビューでは対象者の許諾を得て録音し，文字起こしを行っている。表1に事例とインタビューの概要を示している。

## 4．事例研究

6社事例比較の結果，被買収企業が当初は子会社として維持されることで中核人材の組織内部の地位が守られるものの，その後，買収企業による組織介入が進むにつれて段階的に引き起こされる地位と権限の不均衡が離職へとつながっていたことがわかった。すなわち，被買収側が子会社として維持されることで中核人材は形式的な組織的地位が得られる。しかし，買収企業が主導する取引後のシナジー成果創出活動に伴って，子会社の運営および管理の権限が段階的に本社へ移転することで，彼ら彼女らの地位に対する権限が低下した結果，離職が選択される現象が生じたと考えられる。

事例研究では，紙幅の制限より特にこの現象が顕著に出現した2事例に焦点を当て，その内部メカニズムを明らかにした後に，6事例間の比較を行う。まず，表1から被買収側において中核人材の離職が発生した事例を抽出する。A社の買収では買収直後に複数の一般技術者が離職したものの，管理職レベルの主要人材の離職はなかった。またD社，E社およびF社による買収では管理職だけでな

19

く，一般の従業員においても買収後に離職者は発生しなかった。一方でB社によるH社，C社によるI社の買収事例では買収直後には離職者は発生しなかったが，その後しばらく経過した時点で管理職レベルの中核人材が離職した。したがって，次項では両事例に注目して，こうした行動の背景についてインタビューや公開資料から判明した情報を元に分析していく。

## 4-1. 精密機械企業B社によるH社の買収

　創業から30年以上が経つB社は売上高500億円を超える世界的な精密機械企業の1つである。他方H社も設立から30年以上が経つ老舗企業の流れをくむ企業であり，300億〜400億円の売上をあげていた。つまり，B社によるH社の買収は，確かにB社の方がH社よりも企業規模の面で優っているものの，ほぼ同程度の規模を持つ企業間の買収であった。

　B社の買収目標は両社が持つチップ設計技術を組み合わせることで，新たな製品を開発することであった。産業専門誌によると，2社が持つ技術分野は高度に補完的な関係にあるため，技術的シナジーの創出が期待されていた。さらに両社は直接的に競合する領域が少ないためにスムーズな協業が行えると考えられていた。実際に買収発表後にB社の株式は大きく上昇し，市場から高い評価を得ることになった。

　H社側では，当時の親会社が構造改革を進めており，その過程でH社の売却を模索していた。子会社であるH社の業績は好調であり市場拡大を続けていたが，親会社としては将来的に自らが強化する分野とH社が持つ市場と間に戦略的な乖離が生じていた。そこで事業構造の整理を行っていた親会社は，子会社を市場での価値が高いうちに売却し，その資金で残存する事業への再投資を考えていた。このようにして買い手および売り手の双方の戦略的必要性が合致したために，買収交渉は

スムーズに行われた。

　買収完了後，H社は子会社として組織体制が維持され，大きな組織構造および人員の肩書の変更はなかった。この背景にはそれぞれの企業が異なる市場で既にリーダー的ポジションに位置していたことが要因として挙げられる。買収が市場にもたらす混乱をできるだけ低減させるために，H社の社長をはじめとして多くのエグゼクティブやシニアマネージャーの地位や待遇面での変更はなかった。

　このようにH社は既存の組織体制が維持されたまま，買収直後から2社間の共同開発製品への取り組みが始まった。共同開発ではあったが2社間の人的交流はほとんどなく，それぞれの企業の得意分野での技術開発から着手された。そのため，被買収側の研究開発部門では大きな混乱はなく，その結果として，H社の人々において離職者は発生しなかった。H社の研究開発部門のシニアマネージャーは当時の共同開発体制および離職について以下のように述べている。「うち（H社）がXの設計をして，向こう（B社）がYの設計をしてそれを一緒にくっつけるようなやり方をした。くっつけるときにはディスカッションとか必要だけど人の交流はほとんどない」「買収後の設計方針の違いが離職や転職という意思決定につながったような事例は特になかったと思います。H社はあくまで買収された側なので，ある程度相手のやり方を尊重してしたがうべきという雰囲気でした。B社に移ってから自発的に辞めた人はほとんどいないと思います」

　多くの失敗や試行錯誤を経て，共同開発成果である新製品が誕生した。この新製品は市場からの評価も高く，B社にとって次世代の主力製品として期待されるようになった。そこでB社はさらなる当該製品のポートフォリオ拡張のために発展系の開発を進めることを決定し，H社が持つ研究開発人材や資源の管理を強化していった。

さらなる共同開発の推進に伴い，B社による介入が2点行われた。1つ目は，H社の開発部門における情報管理である。H社では伝統的に技術者が設計した製品の市場での売上を知ることでき，その数字が彼ら彼女らのモチベーションとなっていた。しかし，B社では設計や開発に携わる人々に売上や市場の情報を与えるべきではないという方針であり，その背景には技術者は技術にだけ集中できる環境をつくるべきであるという考えがあった。そこで，B社はこのルールをH社にも適用するよう制度を変更した。しかしながら，H社内部では情報を制限する方針になったことで，製品開発部門の技術者にとっては自らが設計した製品が会社にどれほど貢献しているのかが不透明になっていった。H社のシニアマネージャーはこの制度変更が社内の人々にとっては大きなストレスであったと述べている。「自分が担当した製品が売れていて，会社にとってすごい収益を上げている製品になりましたってのがわかったら苦労も報われる。けど，なんだかよくわかんないよねってなったらあの苦労はなんなのって思う人はいっぱいいるのよ」

2点目は，H社のシニアマネージャーの社内への人事権限を制限していった。H社は資源を新たな共同開発に投入しなければならない一方で，買収前から続く既存の製品分野での投資とのバランスをとる必要があった。そもそも，市場ポジションの保持がH社の子会社として組織体制を維持した理由でもあった。だが，B社としては発展形の製品開発のために，H社が持つさらなる人的資源や装置を利用するようになり，H社のシニアマネージャーは自社の経営資源の活用が制限されることになった。このような状況に対して，H社のシニアマネージャーはB社の組織運営に対して不満を抱き始めた。「違和感があった。ここ（買収企業）のトップの人たちってそんなに我々のことを知らないのに決めるみたい

な」こうしてH社のシニアマネージャーの地位と意思決定権の間に乖離が生まれることになる。

これらの組織介入は，H社内のシニアマネージャーにとって地位と権限の不一致を引き起こす要因となっていた。H社のシニアマネージャーは，当時の同僚の離職の背景として組織的ポジションがあるにもかかわらず，B社により組織へのマネジメント権限が奪われていったことを指摘している。「シニアマネージャーってやることなくなっちゃって最終的に辞めちゃったよ。この人責任ないんだもん。ここ（地位）にいるけど，直接誰に対しても権限を持っていない。だからそういう組織に変わった。（中略）会社としての形態になっていないんだよ」このように被買収側の人々が，形式的には地位があるものの，実質的には買収企業によって組織内の権限が低下することで離職を選択していたことが伺える。彼らの離職の結果，組織体制の再構築が必要となり，残った人々にとって大きな混乱となった。「残った人にとって負担は重くなる。（中略）責任の範囲が変わるだとか，入ってくる情報が変わるとかで戸惑う人は多かった」

## 4-2. 化学企業C社によるI社の買収

有機・無機化学製品の製造を行っているC社はセラミックスや医薬などの製品分野への原材料供給を行うサプライヤーである。同社は創業から50年以上続く歴史ある企業であり，近年の売上高は300億円規模で推移している。一方のI社は光学・機能性製品の開発および製造を行っており，C社を起点とするサプライチェーンの下流に位置していた。同様に創業からの長年の歴史を誇るI社の売上規模は100億円であり，C社と比べておよそ3分の1の規模である。

C社によるI社の買収はサプライチェーンにおける下流進出が目的であった。C社が持

つ原材料を自社内部で加工および製品化するノウハウを獲得することで，業界における垂直統合型ビジネスの確立を目指しており，具体的にはI社の主力製品の原材料の大部分をC社のものに置き換えた新製品を開発する戦略であった。I社が買収の有力候補となった背景には，今までC社とはサプライチェーン上では直接的な取引はなかったものの，中間業者を経てC社の原材料をI社が一部利用していたためである。また，I社の親会社としても事業整理の一環から子会社であるI社の売却に積極的であったために今回の買収が成立した。

　買収後のC社の統合方針は，I社を子会社として存続させるだけでなく，組織運営上の自主性を保つことであった。実際にこの項目は買収契約締結の条件の1つとして組み込まれている。この条項の背景には，I社の業績が右肩上がりで成長してきたことがある。当時I社の主力製品での市場は急激な拡大期を迎えており，その流れに乗ったI社は好調な業績を維持していた。そのため，買収直後からC社は技術者を1名程度派遣したものの，I社に対して深い介入はせず，既存の業務プロセスおよび文化の下で組織運営がなされていた。共同開発に関してもI社はC社の原材料の利用経験が既にあるために，比較的容易に進むと考えられていた。実際に，買収直後はI社内では大きな混乱もなく，買収を契機として被買収側に離職者は発生しなかった。C社のシニアマネージャーはI社内部の雰囲気について以下のように述べている。「買収直後は，（C社は）深く関与しない。今まで通りやってほしいというスタンスでした。I社の従業員としても，うちから1人派遣しましたけど，大きくは変わっていないので今まで通り業務にあたってもらっていたので当時は離職者はなし」

　しかしながら，買収後2年が経過した時に大きく2つの問題が生じていた。1つ目は，I社の業績が急激に悪化したことである。I社は主力市場での順調な成長を期待して生産量を増加させていたが，新たな競合企業が同市場に参入して供給量を増やしたために在庫過多に陥ってしまった。2つ目は，C社とI社の新製品開発の停滞である。買収前に既にI社はC社の素材を中間業者経由で入手していたために，比較的容易に製品開発が進むことが予期されていた。だが実際には，この中間業者が適切な化学素材の配合の下処理を行うことで初めてI社による加工が可能であった。このような配合技術の欠如が買収後に発覚することで，思うように共同開発が進まなかった。

　これらの買収後の諸問題を背景に，C社はI社のコントロールを強化する方針に変更した。具体的にはC社から派遣する技術者を増員して共同のプロジェクトチームを強化し，さらにI社の技術開発や研究に使う予算を管理することになった。

　この介入強化に対してI社のシニアマネジメント層ではC社への不満が生じていた。元々I社内部では，自社の業績悪化の始まりがC社による買収時期と重なることもあり，買収がなければ市場の動きを捉えた生産ができたはずという見方が主流であった。また，I社側はC社が買収前から技術統合の具体的なプランを持っているべきであったと考えており，共同開発の遅延はC社側の責任と捉えていた。これらの背景からI社内部ではC社に対する不満感が段階的に強くなってきた。当時，I社に派遣されていたC社のシニアマネージャーはI社の様子について以下のように述べている。「数字が悪くて，親会社からの圧力が厳しくなっていくにつれ，首が絞まっているわけじゃないんだけど，結局説明を求められる流れになってくる。八方塞がりな（中略）自分達のやりたいことがやれなくなっていっていると感じていたと思います」

　C社の介入を強化した結果，在庫調整およ

び技術統合が促進されていったが，同時にI社の技術開発分野の上級職およびその複数の部下が離職する結果となった。このようにI社のシニアマネージャーは，元々組織運営は自律して行うことが期待されていたが，C社による介入によって思うようなマネジメントができなくなっていた。

その後，彼らの離職はC社側にとって衝撃的な出来事として受け止められた。その背景には，研究開発体制を抜本的に再構築する必要性が生じただけでなく，辞めた人材が組織の中心的人物であったためにI社内で連鎖的な離職が発生する可能性が生じたためである。C社は急遽，残っている他の従業員に対して説明会を開くことで，以下のような説得を行うことになった。「ことの発端が要職の方でしたので，同じような立場の人達に対して，意思表示をしてくれと。それに伴って，彼らの口から現在の従業員に対して今大変な時期を迎えており，人が減って不安に思うけど安心してついてきてほしいことを伝えてもらう形で，これ以上の離職者が出ないようにしています」これらの社内の混乱から，離職した人々がいかに中核的な存在であったかが伺える。

## 4-3．事例分析
### 4-3-1．共通点の整理
本項では，事例研究から示唆された両事例からの共通点を抽出し，離職をもたらすメカニズムを明らかにする。さらに他事例と比較することでその頑健性を検討する。まず，今回の両事例の共通点として大きく3点が指摘できる。1つ目は，被買収企業は子会社として自律性を維持され，買収後に部門や地位の大きな再編は行われなかった点である。H社およびI社はそれぞれ買収前から高収益を生み出しており，買収後も既存市場でのリーダーシップを期待されていた。このため両社は親会社の組織には組み込まれずに，比較的

ゆるやかなコントロールの下で企業運営がなされていた。結果的に子会社化は買収直後に組織的地位の安定を被買収側の中核人材にもたらすことで，むしろ組織への定着につながっていた。

2つ目は，買収後しばらく経過してから親会社による社内制度，人事および予算管理への介入が強化された点である。H社とI社はそれぞれ介入の背景は異なるものの，結果として被買収側子会社の意思決定権が買収側へと大きく移ってしまった。H社では，B社が買収目的であった新製品の共同開発が成功し，さらなる発展系製品の投入が期待されたためであり，I社では買収後の業績および開発不振がC社による介入のきっかけであった。

3つ目は，これらの子会社化および組織介入は，被買収側の中核人材に対し，組織内部のポジションに関する権限を低下させることで離職をもたらしていた点である。H社のケースでは，市場情報や人事権をB社がコントロールするようになってから，H社のシニアマネージャーはいわば形だけの存在という認識を抱いていた。I社でも親会社による予算管理が強化されており，シニアマネージャーは自由な技術開発ができないようになっていた。

### 4-3-2．事例比較
前項では子会社化という組織構造選択，および買収後の組織介入という2つのPMI政策が被買収側の中核人材の離職意思に影響していることが示唆された。そこで，この2事例と他の4事例を含めた合計6事例について，被買収企業の組織構造選択，買収時および買収後の組織介入の有無，そして離職行動について整理して表2で示す。

表2から被買収企業の買収後の組織体制について見ていく。6社中5社が買収後に子会社として維持され，既存の組織運営体制に人

日本経営学会誌 ｜ 第43号

表２：各事例における組織構造とのPMI方針および離職の関係

| 被買収企業名 | G | H | I | J | K | L |
|---|---|---|---|---|---|---|
| 被買収企業の組織構造 | 組織解体後に買収企業の既存部門に吸収 | 子会社 | 子会社 | 子会社 | 子会社 | 子会社 |
| 買収時の被買収側への組織介入 | あり（買収企業の人事制度と予算管理に変更） | なし | なし | なし | なし | なし |
| 買収後の被買収側への組織介入 | なし | あり（買収企業による開発ルールと技術管理の変更） | あり（買収企業による人事と予算管理に変更） | なし | なし | なし |
| 買収後の離職 | 複数の一般技術者の離職 | 複数のシニアマネージャーの離職 | 技術部門のシニアマネージャーの離職 | 離職者なし | 離職者なし | 離職者なし |

出典：事例調査より筆者作成。

きな変更はなかったが，1社（G社）は各部門が解体された後にそれぞれの人員が買収企業の既存組織に組み込まれる形となった。被買収側への組織介入として，人事評価，社内ルールおよび予算編成における買収企業側への変更に注目した。上述したH社およびI社だけでなく，G社でも大規模な組織介入が存在した。G社では買収直後に解体され，それぞれの人員は買収企業であるA社の既存部門へ再配置された。このため，開発方針，人事制度および予算管理に至る広範な面でA社に統合された結果，複数の一般技術者が離職した。他方で，残りの3社では被買収側内部で大きく変更された点はなかった。つまり，6社という少数サンプルでの比較ではあるものの，たとえ買収時から被買収企業を子会社として構造面を維持したとしても，買収後の組織介入によって中核人材の離職が発生することが確認された。

## 5．ディスカッション

本研究の主要な発見事項は，買収後の子会社化による被買収側の上級職の地位の安定は買収直後の人材の維持に貢献するが，その後

の買収企業による組織介入が結果として彼ら彼女らの組織内の権限の低下を生み出すことで離職をもたらすという点であった。Adams（1965）によると，人々が所属する組織への定着誘因は，金銭的なものだけでなく，仕事に関連する責任，尊厳，ステイタスそして社会的アイデンティティにあると言われている。これらの要素が，人々の組織内部のレベルとバランスが取れていると知覚が仕事の満足度を生み出すと述べられている（Janssen, 2000）。分析では，被買収側の中核人材の間で既存の地位と本来有するべき組織内の権限との均衡が崩れていくことで，段階的に買収企業への不満や劣等感が発現されていった。

このような発見は，被買収企業の中核人材が感じる買収企業への相対的地位の低下が，買収後しばらく経過してから発現する可能性があること示唆している。既存研究では相対的地位の認知が買収直後に最も強く発現し，その後に低下していくと考えられてきた（Hambrick & Cannella, 1993; Sung et al., 2017; Walsh, 1988）。しかしながら，この知見は主に買収時点で観察された相対的地位への影響要因（組織規模や相対的業績）が買収後2～3年後の離職への説明力が低下していくことから

述べられている（Hambrick & Cannella. 1993）。つまり，買収後に発生しうる相対的地位に影響をもたらしうる組織内でのイベントや要因は想定されておらず，またそれらの効果は十分に理解されていなかった。本研究では，段階的に地位と権限が乖離していくことで，買収後に被買収側人材の相対的地位が低下していくプロセスが存在することが示唆された。

さらに本研究では，被買収企業の人材の保持のために多くの既存研究で提案されている組織構造を維持する子会社化は，買収後の組織介入程度によってはむしろ彼ら彼女らの中長期の人材の流出につながることを示している。Puranam, Singh, & Chaudhuri（2009）は買収企業が被買収企業を子会社として保有する動機として，自社の権威やルーティンを維持することで買収企業による支配感情を抱かせずに人材の流出を防ぐことが指摘している。しかしながら，彼らの研究では買収後のアニュアルレポートから得られた子会社情報を元にして分析しており，買収後の内部交流の形態は観察していない。本研究で示したような被買収企業を組織体制は維持しつつ，段階的に内部へ介入していくような動きは既存研究では見えにくい。つまり，中核人材維持を考慮すると必ずしも組織の統合か子会社化という選択だけが有効ではないということが示唆されている。

## 5-1．中核人材の保持

買収企業による子会社化後の組織介入は，被買収側の中核人材の離職をもたらしうるが，2社間の共同開発やコスト低下などの戦略目標に応じて必要となることがある。買収企業は組織介入による中核人材の離職を防ぐために，手放したくない人材を事前に特定し，彼ら彼女らが組織で持つ影響力の低下を補完する組織政策が必要であろう。例えば，組織政策の一つとして，買収企業が2社間の統合マネジメントに関わる職位を被買収側に用意

することが考えられる。Ranft & Lord（2002）では，被買収側リーダーに買収後の企業統合を担う職位を与えることで，信頼と自信が醸成され，結果的に組織への定着を促進することを報告している。同様に，Graebner（2004）では被買収企業のリーダーに買収・被買収企業間を横断する地位，つまり，被買収企業だけでなく買収企業も含んだ組織内の活動や戦略を統括する役職を与えることで組織への定着を促進することを主張している。この背景には，被買収企業の人々が公式的に同等もしくはより上位の職位から買収企業と交流することができることで，被買収側の人々が持つアイデアや意見に耳を傾けられたり，実行されたりする可能性が増加することがある。本研究で取り扱ったH社とI社の事例では，いずれも買収企業が統合に関わる役割を被買収側の人々に供与することがなかった。両事例では，被買収側リーダーの役割は買収前と同じように既存組織を運営することであり，企業間の統合に関わる主導権は買収側が保持していた。そして，このような体制は買収企業による組織介入を契機として，被買収側リーダーの影響力を低下させることにつながっていた。

## 5-2．実務者へのインプリケーションと 今後の研究

本研究では実務者に対して，被買収企業の中核人材の保持のためには，組織内部の体制や地位とそれに伴う人材や技術への権限のバランスを保つことが重要であることを示している。最後に本研究の限界と今後の研究について，3つの観点から述べる。1つ目は，本研究は中核人材の離職行動について同僚や周囲の人々による聞き取り調査から明らかにしたものの，実際に離職した人に対して直接的にその要因を尋ねてはいない。この点については，近年のプライバシー保護の観点から，企業への調査から離職者個人を追跡すること

が困難であることが背景にある。本研究だけ
でなく，ほとんど全ての既存研究でも同様の
限界に直面している。しかしながら，将来の
研究ではインターネットを用いた大規模なサ
ンプリングによって，買収による離職者の個
人特定が可能であると考えられる。2つ目は，
本研究で扱った事例は買収前に自社製品の投
入経験がある企業のみを対象としており，結
論の一般化のためには慎重を要する。今後の
研究では，製品や技術開発の途中にあるよう
な創業初期段階の企業における買収事例の調
査が必要であると考えられる。3つ目の観点
では，本研究は複数事例研究を採用すること
で一般的な理論モデルの確立を目指している
が，今後の理論検証のためには他のサンプル
を使用した追加の事例および統計分析が期待
される。

　[謝辞]　本稿の執筆にあたっては，大阪大学大学院
経済学研究科の中川功一先生，勝又壮太郎をはじめ
とする諸先生方から貴重なご助言をいただいた。こ
の場を借りて感謝申し上げたい。なお，本稿の誤り，
不備の責任はすべて筆者に帰属するものである。

## 【参考文献】

Adams, J. S. (1965) Inequity in social exchange. *Advances in Experimental Social Psychology*, 2：267–299.

Aguilera, R. V. and J. C. Dencker (2004) The role of human resource management in cross-border mergers and acquisitions. *International Journal of Human Resource Management*, 15(8)：1355–1370.

Ahuja, G. and R. Katila (2001) Technological acquisition and the innovation performance of acquiring firms: A longitudinal study. *Strategic Management Journal*, 22(3)：197–220.

Bebenroth, R. and K. O. Thiele (2017) When organizational justice matters for affective merger commitment. *Thunderbird International Business Review*, 59(2)：227–241.

Ernst, H. and J. Vitt (2000) The influence of corporate acquisitions on the behaviour of key inventors. *R&D Management*, 30(2)：105–120.

Frank, R. H. (1985) *Choosing the right pond: Human behavior and the quest for status*. New York: Oxford University Press.

Graebner, M. E. (2004) Momentum and serendipity: How acquired leaders create value in the integration of technology firms. *Strategic Management Journal*, 25(8/9)：751–777.

Hambrick, D. C. and A. A. Cannella (1993) Relative standing: A framework for understanding departures of acquired executives. *Academy of Management Journal*, 36(4)：733–762.

Janssen, O. (2000) Job Demands, Perceptions of Effort-Reward Fariness and Innovative Work Behaviour. *Journal of Occupational and Organizational Psychology*, 73(3)：287–302.

Kapoor, R. and K. Lim (2007) The impact of acquisitions on the productivity of inventors at semiconductor firms: A synthesis of knowledge-based and incentive-based perspectives. *Academy of Management Journal*, 50(5)：1133–1155.

Larsson, R. and S. Finkelstein (1999) Integrating strategic, organizational, and human resource perspectives on mergers and acquisitions: A case survey of synergy Realization. *Organization Science*, 10(1)：1–26.

Lubatkin, M., D. Schweiger and Y. Weber (1999) Top management turnover in related M&A's: An additional test of the theory of relative standing. *Journal of Management*, 25(1)：55–73.

Marks, M. L. and P. H. Mirvis (2011) A framework for the human resources role in managing culture in mergers and acquisitions. *Human Resource Management*, 50(6)：859–877.

Melkonian, T., P. Monin and N. G. Noorderhaven (2011) Distributive justice, procedural justice, exemplarity, and employees' willingness to cooperate in M&A integration processes: An analysis of the Air France-KLM merger. *Human Resource Management*, 50(6)：809–837.

Nahavandi, A. and A. R. Malekzadeh (1988) Acculturation in mergers and acquisitions. *Academy of Management Review*, 13(1)：79–90.

Paruchuri, S., A. Nerkar and D. C. Hambrick (2006)

Acquisition integration and productivity losses in the technical core: Disruption of inventors in acquired companies. *Organization Science*, 17(5) : 545–562.

Puranam, P., H. Singh and S. Chaudhuri (2009) Integrating acquired capabilities: When structural integration is (un)necessary. *Organization Science Acquirers*, 20(2) : 313–328.

——— and M. Zollo (2006) Organizing for innovation: Managing the coordination-autonomy dilemma in technology acquisitions. *Academy of Management Journal*, 49(2) : 263–280.

Ranft, A. L. and M. D. Lord (2000) Acquiring new knowledge: The role of retaining human capital in acquisitions of high-tech firms. *Journal of High Technology Management Research*, 11(2) : 295–319.

——— (2002) Acquiring new technologies and capabilities: A grounded model of acquisition implementation. *Organization Science*, 13(4) : 420–441.

Strauss, A. and J. Corbin (1994) Grounded theory methodology. In *Handbook of Qualitative Research* : chap.17: 273–285.

Sung, W., M. L. Woehler, J. M. Fagan, T. J. Grosser, T. M. Floyd and G. J. Labianca (2017) Employees' responses to an organizational merger: Intraindividual change in organizational identification, attachment, and turnover. *Journal of Applied Psychology*, 102(6) : 910–934.

Vaara, E. (2003) Post-acquisition integration as sensemaking: Glimpses of ambiguity, confusion, hypocrisy, and politicization. *Journal of Management Studies*, 40(4) : 859–894.

Vasilaki, A., S. Tarba, M. F. Ahammad and A. J. Glaister (2016) The moderating role of transformational leadership on HR practices in M&A integration. *The International Journal of Human Resource Management*, 27(20) : 2488–2504.

Walsh, J. P. (1988) Top management turnover following mergers and acquisitions. *Strategic Management Journal*, 9(2) : 173–183.

Yin, R. (1994) *Case study research: Design and methods*. Beverly Hills, CA: Sage Publications.

日本経営学会誌 | 第43号
pp.28-39. 2019

# 機能性化学品の開発と
# 工程イノベーション
## ―MAISアプローチによる分析―

淺 井 洋 介
(神戸大学大学院経営学研究科博士課程)

原 　 拓 志
(神戸大学大学院経営学研究科教授)

| キーワード | 工程イノベーション，新製品開発，機能性化学品，MAISアプローチ，技術の社会的形成 |
| --- | --- |

## 1. はじめに

　新製品開発において工程イノベーションはどのように関わるか。本稿の目的は，機能性化学品の開発プロセスの事例から，この問題に接近しようとするものである。その事例分析には，物的存在，行為主体，制度的・構造的要因の相互作用という視点から社会・技術現象を把握しようという MAIS アプローチを使う。

　一般的には，新製品開発は製品イノベーションと同義に扱われる。そして，製品イノベーションと工程イノベーションとは別物で前者が先行するものだと捉えられている。アバナシーとアターバックによるイノベーションの一般的パターン（A-U モデル）もその典型である（Abernathy and Utterback, 1978）。これに対して，塗料，医薬品，新素材など機能性化学品の開発プロセスでは，製品イノベーションと工程イノベーションがほぼ同時に発生し，その両者の関わりにより製品開発が進行するという指摘がある（原，1996; Pisano, 1997）。だが，その詳しいプロセスは十分には示されていない。本稿は，機能性化学品の開発プロセスの詳細な事例分析から，製品開発への工程イノベーションの関わりについて解明する試みである。

　本稿では，次節で関係する先行研究を概観し，第3節で分析枠組みである MAIS アプローチを説明する。第4節で事例としてある機能性化学品の開発プロセスを示す。第5節で，MAIS アプローチで事例を分析する。最後に第6節で結論を述べる。

## 2. 新製品開発における 工程イノベーション

　新製品開発プロセスについて，これまで多くの研究は主に機械製品など数を数えら

（2018.11.19受付／2019.4.7受理）

れる組立型製品を経験的基礎に置くもので
あった（Abernathy and Utterback, 1978; Clark
and Fujimoto, 1991; Womack, Jones and Roos,
1990）。それらの産業においては，製品の新
機能や差別化を可能にする製品イノベーショ
ンに光が当てられ，工程イノベーションの目
的は生産性向上やコスト削減であって，その
役割は副次的なものであると見なされてきた
（Rosenberg, 1982; Skinner, 1992; Reichstein and
Salter, 2006）。

　これに対し，化学製品などの数よりむしろ
量で測るプロセス型製品の開発においては，
工程イノベーションに対しても一定の配慮が
なされている（Enos, 1962; Freeman, 1982; Linn,
1984; Stobaugh, 1988; Quintella, 1993; Utterback,
1994; 原，1995, 1996; Pisano, 1997; Barnett and
Clark, 1998; 富田，2005, Linton and Walsh 2008;
藤本・桑嶋，2009）。ただし，初期の研究の多
く（Enos, 1962; Freeman 1982; Stobaugh, 1988;
Utterback 1994）は，対象としているプロセス
型製品が，石油化学製品，電線，合成繊維，
板ガラスなど比較的同質的な単純なものであ
り，製品イノベーションから工程イノベー
ションへの重点の移行が早く進むだけであっ
て，前述の A-U モデルは概ね妥当だと見られ
た（Utterback, 1994）。これに対し，より近年
の研究（Quintella, 1993; 原，1995, 1996; Pisano,
1997; 富田，2005; Linton and Walsh, 2008; 藤本・
桑嶋，2009）においては，塗料，医薬品，新
素材などの機能性化学品が経験的基礎とな
り，A-U モデルに反して，製品イノベーショ
ンと工程イノベーションとの同時性，後者の
前者への寄与が指摘されるようになった。こ
のことは，宗像（1989）が，「より本来的な『製
品革新』は，自然科学的・技術学的基礎の変
更をしばしばともなう『支配的デザイン』自
体の交替であり，それは同時に，その『製法』
の『革新』とも結びつきうる」と理論的に論
じていることに照応している。

　このように，機能性化学品のイノベーショ
ンのプロセスが同質的な化学製品のそれと異
なる原因には，機能性化学品が物的に複雑な
構造であるがために複数の反応プロセスを要
することや，製品差別化の余地が大きいこと
が関わっていると指摘される（原，1995）。し
かしながら，関係諸要因の詳細な相互作用に
ついては未だ明らかにされているとは言い難
い。機能性化学品の開発はどのように進んで
いくのか。そのとき工程イノベーションはな
ぜ，どのように関わるのか。これらの問いに
先行研究は十分に答えていない。そこで，本
稿では，ある機能性化学品の開発プロセスを
事例として詳細に吟味することによって，こ
れらの問題の解明への手掛かりを探る。

　なお，機能性化学品を研究対象とするのは，
学術的な意義に留まらない。機能性化学品は
今なお日本企業が競争力を有している産業分
野であり（藤本・桑嶋，2009, 13頁），多様な
産業の差別化を支える新素材を生み出す部門
である。今後の産業の基盤となるイノベー
ションの態様を理解することは実践的にも大
いなる意義がある。

　研究方法として事例研究を使うのは，本稿
の目的が「なぜ」「どのように」という問い
の解明だからである。事例研究は，詳細かつ
多様な情報から経緯や因果関係を明らかにで
きる研究方法である（Yin, 1994）。本稿は単
一事例ではあるが，その詳細な検討から普遍
らしきものを見つけ出し，まずは仮説的な論
理を導くことを目指す。事例を体系的に分析
する方法としては，次節で述べる MAIS アプ
ローチを使う。

## 3．MAISアプローチ

　MAIS アプローチとは，物的存在（Material
entities; M と略記），行為主体（Actors; A と
略記），制度的・構造的要因（Institutional/
Structural factors; I/S と略記）の相互作用とい
う視点から社会現象の形成（持続・変容・崩

壊も含む) プロセスを分析する研究アプローチである。従来「技術の社会的形成」アプローチと呼ばれていたもの（原，2007）と同一であるが，分析対象を技術のみならず社会現象一般に広げる[1]にあたって改名された。MAIS は，相互作用する上記3種の要素の頭文字 M，A，I/S を並べたものだ（原，2018）。

　MAIS アプローチによる分析では，対象となる社会現象の詳しい事例記述から，その形成プロセスに大いに関わる物的存在，行為主体，制度的・構造的要因を識別することから始まる。次に，それらの相互作用によって，いかに当該現象が形成されていったのか，その理由やメカニズムを明らかにする。

　このとき，物的存在については，天然物であろうと人工物であろうと，行為主体や制度的・構造的要因によって与えられる意味に注目すると同時に，それに伴う物性や自然の諸力についての考察が求められる。また，行為主体については，利害関心，モチベーション，意図，リフレキシビティ，エージェンシー[2]を確認すると同時に，物的存在や制度的・構造的要因によって付与されている制約ないし可能性を考慮することが重要となる。とりわけ，組織のような集合的行為主体については，共有された利害関心やエージェンシーなどの識別が問題となる。また，一定の支配性・安定性・持続性を有したパターン化された社会関係として定義される制度的・構造的要因については，様々な行為主体がそれに付与している意味や，物的存在がそれに与えている制約性や可能性を確認すると同時に，逆にその制度的・構造的要因が行為主体や物的存在に与えている制約性や可能性を明らかにする必要がある（原，2018, 24-26 頁）。

　MAIS アプローチは，社会現象の分析アプローチとして，一方で，物的存在の作用への明確な注目と，物的存在と制度的・構造的要因との区別を通して構造化理論（Giddens, 1984; Orlikowski, 1992）を精緻化しようとするものであり，他方で，制度的・構造的要因を考察に導入することと物的存在と行為主体とを明確に区別することによって，アクターネットワーク理論（Latour, 2005; Callon 1986）の視野の狭窄化や主体性の軽視という問題を克服しようとする研究アプローチである（原，2018）。物的存在，行為主体，制度的・構造的要因を認識論的に区別[3]し，それらの相互作用をもって社会現象の形成プロセスを分析することは，物質的に制度的に構造的に制約されながらも，行為主体にはそれらを利用して主体的に社会に働きかけことができるという視点に立つことで，実践的なインプリケーションを引き出すことができる。

　技術と社会の相互作用を分析するアプローチとしては，技術の社会的構成論（Pinch and Bijker, 1987）や前述のアクターネットワーク理論がある。技術の社会的構成論と MAIS アプローチとの端的な違いは，前者が社会から人工物への解釈や構成に注目するのに対し，後者は物的存在による社会形成への影響にも注目することである。また，アクターネットワーク理論との対比では，前者が人的エージェントと非人的エージェントとを同列で扱うのに対し，後者は行為主体と物的存在，制度的・構造的要因を分析において区別し，それぞれの特異性として主体性，物性，パターン化された社会的関係性を認める点で異なる。

　本稿で，MAIS アプローチを使うのは，機能性化学品の開発プロセスに関連する物的存在，行為主体，制度的・構造的要因を体系的に整理しつつ，それらの相互作用の態様やその底流にある論理の探索から，本稿のリサーチクエスチョンに対する答えを導くことができると考えたからである。

## 4．事例研究

### 4-1．対象事例と研究の方法

　事例研究では，日本企業 X 社によって開発

された機能性化学品である樹脂Pの開発プロセスを取り上げる。事例研究には一次データと二次データを利用した。一次データは樹脂Pの主な開発関係者に対するインタビュー調査により収集した。その概要は表1のとおりである。インタビュー調査は半構造化インタビューの形式を採用した。二次データは，関連する論文，特許，専門書籍から収集した（表2）。

## 4-2. 樹脂Pの開発構想
### 4-2-1. 樹脂Pとは

樹脂Pとはシーリング材の主成分となる液状の樹脂である。X社のシーリング材用樹脂事業は好調であったが，先行製品は耐候性が不足していた。樹脂Pはその欠点を補う製品として開発された。樹脂は，原料となる単量体を重合反応で連鎖した形状を持つ。樹脂Pも原料となる単量体pが連鎖した分子鎖の塊である。しかし，当時の重合方法では長さの不揃いな分子鎖しか得られなかった。長さが不揃いであると，分子鎖同士の絡まりが増し粘度が高くなる。高粘度では他の原料と混ぜにくく，塗りにくい。このため，樹脂Pの実用的な製品開発は困難であった。しかし，X社は1980年代にY大学で開発された特殊な重合方法に着目した。その方法は，単量体pを同じ長さの分子鎖に成長させる方法である。

### 4-2-2. 開発テーマの企画

1985年，X社の製品研究所（仮称）でY大学の特殊な重合方法の再現が始まった。しかし，Y大学の方法は極めて特殊な材料を要したため，材料費だけでキログラムあたり100万円以上にもなった。実用的なコストとして，キログラムあたり材料費を1,000円程度に抑えるための重合方法が探索された。材料費の低減に挑戦する一方で，得られた樹脂がシーリング材として狙いどおりの性能を発揮する

かの評価も進められた。製品研究所はY大学が試作した樹脂Pを入手し，シーリング材としての期待どおりの性能を確認した。

1992年には，試行錯誤の結果，材料費をキログラムあたり1,000円程度にする重合方法の目処が得られた。しかし，機能性化学品の細かい機能や性能は顧客とのやり取りを通じて決定されるため，試作品が必要となる。フラスコでは十分な量を確保できないため，小型の専用プラントが必要となる。しかし，樹脂Pの重合反応の反応速度が極めて速いという問題を抱えていた。反応速度が速いと反応熱が短時間に放出され，重合装置が高温・高圧になる危険性がある。この制御のため－70℃の低温が必要であることがわかった。さらに，フラスコ以上のサイズで重合すると，樹脂Pは分子鎖の長さは不揃いとなり，重合槽から払い出せないなどのトラブルも頻発した。いわゆるスケールアップの問題である。

## 4.3. 2つの研究所における製品開発
### 4-3-1. 共同プロジェクトの始まり

製品研究所の幹部はスケールアップの問題を，工程研究所（仮称）の幹部に相談した。工程研究所は生産プロセスの開発を担う研究所である。当時，工程研究所は，主に既存のプラントの生産性向上などを手掛けていたが，工程研究所の幹部は新製品開発への貢献など研究開発の表舞台に出たいという意思を持っていた。樹脂Pの開発は，まさにうってつけであった。1993年，製品研究所に工程研究所から担当者が派遣され，正式に工程研究所が開発に参画した。ところが，両研究所の担当者間の関係は全てが順調とはいかなかった。それは製品開発の到達点に関する認識の違いに起因する。

「ラボで作った処方をそのままスケールアップして，試作用のポリマーを得ることに注力していました」（製品研究所の担当

者TM氏）

「当時の検討は重合と次の反応工程までの）前工程だけ。こんなもんで（製品研究所は）できた，できたと言っている。周辺プロセスの検討も，コスト試算も何もない。こんなもんアカンと言って全部ひっくり返した」（工程研究所の担当者NF氏）

製品研究所の担当者はフラスコ・スケールでY大学の特殊な重合方法を工業的な材料費で合成できたことと，このスケールで合成したサンプルがシーリング材としての機能を果たすことを確認できたこと，この2点で開発は完了しており，あとは量産の問題だけだと認識していた。しかし，工程研究所の担当者は，重合工程以外のプロセスも含んだ商業プラントの設計や建設費用，これも含めた製品コスト，そのプラントで生産される樹脂Pの機能などの問題解決のすべてが製品開発であると認識していたのである。

### 4-3-2. スケールアップの問題の解決

単量体pの重合は，高温の発熱を伴うため，重合溶媒（以下，溶媒と略称）αで数％の濃度に希釈してスケールアップが試行錯誤されていた。数％の濃度では経済的に不利だが，溶媒αにはこれ以上の濃度では溶解しなかった。また，分子鎖の長さは不揃いであった。

そこで，工程研究所の若手担当者がある実験を試みた。彼は，溶媒を変更すれば濃度をより高く設定できるのではと考え，溶解性の高い別の溶媒βを添加した。ただし，β単独では難しいと考え，αとβを混合し徐々にβ比率が高まるように実験した。すると，βの比率を高めると分子鎖の長さが揃うという現象を発見した。しかし，これに製品研究所の担当者が反発をする。βでは反応しないと文献に書いてあるというのである。製品研究所の担当者は高分子重合に詳しく，この意見に

工程研究所の他の担当者も動揺した。

しかし，当の若手担当者は実験を継続し[4]，1993年，ついに特定の混合比率で重合濃度を数10％まで高めることに成功した。さらに，重合反応も2～3時間かけてゆっくりと進行するものとなった。後日に判明したことではあるが，溶媒の極性を変えたことにより反応速度が低下し，どの分子も少しずつ均等に成長できたのである。重合温度は従来と同じ−70℃であったが，極めて重要な発見であった。なぜなら溶媒の極性で重合反応を制御できるのであれば，もっとよい溶媒が他にもある可能性を示したからである。このことから製品開発が一気に加速した。

当初の溶媒αは有機塩素化物であり，1993年の環境基本法によって排水問題が生じつつあった。そのため溶媒の回収なども検討され，重合以外のプロセスや品質への影響などを総合的に考慮して溶媒が決定された。また，工業的な生産方法の目処がついたため，分子量が異なる複数の製品の設計も本格的にスタートした。これを製品研究所の幹部が称賛し，当の工程研究所の若手担当者は全社表彰された。

### 4-3-3. フィジビリティ・スタディの実施およびベンチプラントの稼働

溶媒の変更により重合反応の制御，スケールアップ問題が解決し，1994年に試作品を生産するベンチプラントが完成した。若手研究者の見出した方法は，制度面および物質面において正当化されたのである。この段階からフィジビリティ・スタディ（事業採算性評価）が本格的に行われた。溶媒の変更ではコストのかかる−70℃の低温は回避できなかったが，溶媒α単独での重合に伴う他のコスト要因が回避され，トータル・コストは受容可能になった。他方，当初−70℃の低温が問題という認識であったが，フィジビリティ・スタディの実施やベンチプラントの稼働により，

別の課題が明らかになった。

一つはコンタミネーション（異物混入：以下，コンタミと略称）の問題，もう一つは原料投入量や温度の振れ幅の問題である。工業的には，先行して生産された製品やその原料の残渣がコンタミの原因となる。生産ロットごとに装置洗浄されるケースもあるが，一般的な化学製品では一定の許容範囲のコンタミを前提として製品設計がなされる。樹脂Ｐでもコンタミを前提とした製品設計はフィジビリティ・スタディの結果からも必須であった。しかし，実験室レベルの開発段階ではこのコンタミの問題は意識されない。そこでは，フラスコ内で実験するが，所定の原料以外が混入した状態で行うことはあり得ない。また，実験では，原料は正確に計量される。しかし，毎日の工業生産においては，原料投入量や温度にバラつきが発生する。

「コンタミの問題など，そりゃ重合処方開発の段階ではやらんわな。当然，きちんと洗浄したフラスコ，きちんと厳密に計量した原料投入量で検討しますよ。だいたい，コンタミありの条件下で重合処方開発をやっていたのではＹ大学の論文の追試にならんでしょ？」（製品研究所の担当者KN氏）

しかし，フィジビリティ・スタディの結果やベンチプラントの稼働より，コンタミや原料投入量や温度の振れ幅など工業的な制約が次々と明らかになる。これに対して，樹脂Ｐの開発では設備設計部門の担当者と工程研究所の担当者の協働によって，様々な実験が企画され，製品研究所の担当者との協働により実験検証が行われた。

「製品研究所ではそもそもスケールアップなんてやってへんから，実機を想定した，添加量の振れ幅，温度設定の振れ幅，コンタミの影響とか言われても僕らにはまった

くわからん。（工程研究所）のNF氏からこのケースはどうやとか，あのケースはどうやとか色々相談を受けて，（スケールアップ）を想定した色んな実験をやりましたよ，このときは，もう言いなり」（製品研究所の担当者KN氏）

一方，機能性化学品の開発では開発側が設定した仕様がそのまま顧客に受け入れられることは稀であり，顧客とのやり取りの中で機能性化学品の仕様が決定される。樹脂Ｐの開発でもコンタミなどの制約を考慮して製品の品質の上限と下限が設定され，この上下限を示す試作品を使って製品研究所の担当者は想定顧客との対話を継続した。ただし，品質上許容できない問題については製品研究所から工程研究所に解決が促された。

「現状の技術で想定されるスペックの上限と下限。つまりＡ級品とＣ級品を両方持って行って，お客さんにどない？という開発をしていました。これを繰り返してスペックを絞りこんでいきながら，開発を進めました」（製品研究所の担当者KN氏）

このように，フィジビリティ・スタディの結果やベンチプラントの稼働を通じて，開発課題が明らかになり，その解決を通じて製品研究所の担当者の認識も変化した。またこの段階になると，製品研究所と工程研究所の間の当初の軋轢も消え，密接な協働のもとで課題解決が進められた。

「問題が発生したら，製品研究所員・工程研究所員を問わず，議論し，解決にあたった。その体制も製品研究所員がリーダで，工程研究所員がその下，あるいは逆，というように臨機応変に対応した。まさに混成部隊」（製品研究所の担当者KN氏）

こうして，試作品を生産するベンチプラント，フィジビリティ・スタディの計算書，試作品を使っての顧客開拓を進める状況を目にした事業部の幹部や研究担当の役員は，樹脂Pの事業化を決断した。

### 4-3-4. 事業化の推進

1995年，事業化のためのタスクフォースが結成され，これには製品研究所や工程研究所以外の関係部署，すなわち事業部門，設備設計部門，運転部門も招集された。この段階では，プラントの詳細設計が実施され，それが実際のプラント建設を担うエンジニアリング会社によって詳細設計図へと投影される。ただし，この時にプロセスの全てが工学的に解明されていることは稀である。プロジェクトを進める段階で発覚する問題には，その都度，対処しなければならない。また，商業プラントの提案には，フィジビリティ・スタディの結果や，過去の経験を基に設定される必要投資額の見積もりが含まれるが，これもプロジェクトを進める段階で，思わぬ見込み違いが発覚し，その差を吸収するためにプロセスの設計を見直すことも行われる。ただし，正式発注後の仕様変更は，チェンジ・オーダーと呼ばれ，エンジニアリング会社の担当者とのやり取りの中で吸収される場合もあるが，多くの場合，金銭的ペナルティーが賦課される。この事例でも，チェンジ・オーダーが何度か発生したが，運転部門が，この金額を吸収するべく努力した。

1997年に商業プラントが完成し，試運転を経て商業運転が開始され市場への販売が開始された。プラントの操業・運転は，新たに設立された樹脂Pの運転部門に移管された。樹脂Pの商業プラントは稼働を開始し，X社では，樹脂Pの開発メンバーが中心となって，さらなる新製品開発が提案されるようになった。

## 5．考　察

### 5-1．事例の分析

では，MAISアプローチを使って事例を分析してみよう。事例を「共同プロジェクトのはじまり」，「スケールアップ問題の解決」，「フィジビリティ・スタディの実施」，「事業化の推進」という4つの局面に分けて，関連する主要な物的存在（M），行為主体（A），制度的・構造的要因（I/S）を識別し，それらの相互作用を確認する。

＜局面1：共同プロジェクトのはじまり＞

プロジェクトの発端は，シーリング市場の成長（I/S）のもと先行製品の物性（M）の弱点を補う新製品として，X社製品研究所（I/S）の研究者（A）はY大学の論文（I/S）や実際のサンプルの評価をもとに樹脂Pを開発ターゲットにした。Y大学の方法では材料費（I/S）が高くなりすぎるため，主工程である重合方法（M）を見直すことで材料費を格段に低減できる目処をつけることができた。これだけであれば，他産業の新製品開発と比べて特段の相違は見受けられない。

しかし，この機能性化学品の事例はここからが特徴的である。製品研究所の実験室での方法を，商業プラントで行おうとすると，重合反応速度が速く装置が危険（I/S）なまでに高温高圧になって，しかも分子鎖の長さが揃わない（M）という問題の発生である。反応熱の冷却の問題が工業化の問題であると認識した製品研究所の幹部（A）は，工程研究所の幹部（A）に相談した。かねてより新製品開発のような研究開発の表舞台での貢献を望んでいた工程研究所の幹部はこの機会を捉え，工程研究所がプロジェクトに参画した。こうして共同プロジェクト（I/S）が始まるが，同じ状況について，製品研究所の担当者（A）は，フラスコ・スケールで安価な原材料で樹

▶機能性化学品の開発と工程イノベーション

脂Pの合成（M）に成功し，それが求める機能を果たすことが確認されたので開発は完了して，あとは量産するだけと認識していたのに対して，工程研究所の担当者（A）は，商業プラントスケールでのコスト（I/S）も品質（I/S）も達成できておらず開発は未完成だと認識した。製品開発とは何かについての理解が行為主体によって相違していることが共同プロジェクトで明らかとなった。

＜局面2：スケールアップ問題の解決＞

　事業化に必要なスケールアップ問題の解決の糸口を見出したのは，溶媒（M）の変更を試した工程研究所の若手担当者（A）であった。製品研究所の担当者（A）は，論文[5]（I/S）との不一致を根拠に溶媒変更に反対するが，それにもかかわらず工程研究所の担当者によって実験は継続された（A）。その結果，溶媒変更によって反応速度が遅くなり，樹脂の分子鎖の長さも揃う（M）ことが明らかとなった。この発見が鍵となり開発はベンチプラントレベルに進められた（I/S）。さらに，コストや環境規制（I/S）なども考慮されて，最終的な溶媒（M）が決定された。こうして，事業化レベルへのスケールアップの道が開けた（I/S）[6]。さらに，そのことは複数の派生製品（M）の設計にもつながった（I/S）[7]。これらについて，製品研究所の幹部も称賛し，全社表彰（I/S）もされた。

　事例に示されたように，機能性化学品の開発においては，事業化に必要なスケールアップが，物理的問題（M）およびコストや品質，規制の問題（I/S）を伴う。この問題解決には，工程の変更（M），阻害要因を乗り越えてそれを実現する工程開発者（A），それに資源と機会，権限を与える組織内権威（I/S）などが必要であった。他方で，スケールアップ問題の解決が，組織内承認（I/S）を経て，さらなる製品開発に不可欠な開発投資（I/S）やベンチプラント（M）の設置などにつながり，多く

の関係者（A）に開発を進めるためのインセンティブ（I/S）を増やすことにつながるという相互作用が見出された。

＜局面3：フィジビリティ・スタディの実施およびベンチプラントの稼働＞

　溶媒の変更（M）は，スケールアップや環境規制やコストの問題（I/S）を解決した。これによりベンチプラント（M）の設置とフィジビリティ・スタディ（I/S）の実施が始まった。組織内での正当化が具現化したのである。他方で，フラスコでは問題にならなかったコンタミおよび原料投入量や温度の振れ幅（M）の問題などが明らかにされた。これらの問題は，当初の製品研究所（A）は認識していなかった問題であったが，試作品（M）やコスト計算（I/S）により可視化されることで認識が改められ，製品研究所（A）と工程研究所（A）の協働が進展した。そして，その協働の下で，試作品（M）を通じた顧客との対話（I/S）によって製品の仕様が確定された[8]。顧客との対話および協働を通しての問題解決は，製品研究所と工程研究所の担当者間の協働の強化（I/S）にもつながった。

　こうした努力の結果は，開発製品の品質（I/S）やコスト（I/S）に反映された。これらの良好な評価は，経営陣（A）による事業化の決断（I/S）につながった。試作品を通しての顧客開拓（I/S）もその決断に作用した。このように，機能的化学品の開発においては，顧客（A）の承認（I/S）が不可欠であり，それを得るための製品と工程との最適化（MとI/S）およびそれぞれを担う部門（A）の密接な連携が必要であることが見出された。

＜局面4：事業化の推進＞

　樹脂Pの事業化が組織内で承認され事業部門，設備設計部門，運転部門も含めたタスクフォース（I/S）が結成され，商業プラントの詳細設計が始まる。設計情報は，エンジニア

35

リング会社（A）の設計図[9]（I/S）へと移転される。しかし，現実にはプラント発注後も様々な技術的課題（M）が発覚し，設計変更が必要となった。こうした変更はチェンジ・オーダー（I/S）として追加費用（I/S）を発生させる。そのコスト上昇の吸収には運転部門（A）が貢献した。こうして，商業プラント（M）は完成し，無事に操業を開始した。樹脂Pは事業として市場に提供（I/S）されるようになった。さらに，この成功経験は，X社（A）による新たな機能性化学品の開発プロジェクト（I/S）につながった。

## 5-2. 議　　論

　樹脂Pという機能性化学品の開発プロセスの事例をMAISアプローチによって分析した。一つの事例ではあるが機能性化学品の開発プロセスを詳しく叙述することで，いくつかのことが明らかとなった。まず，反応プロセスが複雑となる機能性化学品の開発においては，物理的問題（M）およびコストや品質，規制の問題など（I/S）からなるスケールアップ問題が伴う。その解決には，工程の変更（M）とそれを担う工程開発者（A），それを支える組織内権威（I/S）が必要となる。かくして製品イノベーションと工程イノベーションとは同時に進められる必要性が生じる。また，固有の用途ニーズを有する法人顧客（A）の承認（I/S）が事業化には不可欠であり，それを得るためには製品と工程との最適化（M）とそれを可能にする製品開発部門（A）と工程開発部門（A）との密接な連携も必要となる。逆にそれが部門間の連携（I/S）を強化もした。両者の連携は，商業プラント（M）の建設・稼働にも必要となり，その時には，エンジニアリング会社（A）や運転部門（A）の協力もまた不可欠であった。本稿の事例からは，このように，機能性化学品の開発プロセスには，いかなる物的存在，行為主体，制度的・構造的要因が，いかに相互作用しているかが明ら

かとなった。また，機能性化学品の開発において，なぜ工程イノベーションが必要になるのか，いかに関わるかについての仮説的な論理を見出した。

　MAISアプローチを用いたことに，いかなる効果があったのか。まず，行為主体が機能性化学品の開発プロセスにおいて，いかに立ち現れるかを明らかにした。たとえば，樹脂Pが事業化されるためには，権威ある文献に反する方法の選択と実行が必要であった。多くの関係者が疑問を抱いたその選択と実行を進めた若手研究者の主体的行為がなければ，この製品開発は進まなかった。

　また，物的存在が開発プロセスにもたらす意義も明らかにした。この若手担当者が，品質やコスト，規制などの課題のクリアにつながる溶媒という物的存在に遭遇しなければ，工程イノベーションも生まれず，この製品開発は頓挫したかもしれない。

　さらに，制度的・構造的要因の意義も重要である。組織の中でこの製品開発への継続的な資源配分がなされたのは，全社表彰，フィジビリティ・スタディ，顧客の評価などの制度的・構造的要因による正当化があったからである。その資源配分もまた正当化に寄与する制度的・構造的要因となった。そして，この資源配分によって，商業化プラントという大規模な物的存在が出現すると，この製品開発プロセスは，もはや不可逆的な経営現象として多くの関係者の認識するものとなり，彼らの主体的行為に影響を与え，樹脂Pという物的存在が，商品という制度的・構造的要因として市場を形成したのである。

## 6．結　　論

　本稿では，ある機能性化学品の開発プロセスの事例をMAISアプローチによって分析することで，機能性化学品の開発はどのように進んでいくのか，そのとき工程イノベーショ

ンはどのように関わるのか，なぜ工程イノベーションが不可欠であるのかを明らかにした。機能性化学品の開発にはスケールアップ問題が伴う。その解決には，行為主体，物的存在，制度的・構造的要因の相互作用が必要となる。また，特に機能性化学品の場合，法人顧客の承認が不可欠であり，それを得るためには製品と工程との最適化を可能にする製品開発部門と工程開発部門との密接な連携が必要である。機能性化学品の製品開発は，工程イノベーションの「お蔭で」実現するのであり，さらに工程イノベーションは，派生製品というさらなる製品創出の契機にもなる。

　本稿は，MAISアプローチが多様な行為主体，物的存在，制度的・構造的要因が，イノベーションを織りなすプロセスを具体的に示すことができ，それゆえにイノベーションのプロセスを詳しく分析するうえで有効な方法であることも示した。

　最後に，本稿の限界と課題について明記しておく。本稿の考察は，1つの事例研究のみに依っている。この観察や考察が他の機能性化学品の開発事例でも共通するのか。あるいは相違があるのか。それはどのような相違で，なぜ生じるのか。組立型製品の事例との異同は何か。こうした問いについて，本稿では答えられていない。この事例で見い出された仮説的論理が，どのような条件で成り立ち，どのような条件では異なる論理となるのかの解明には，MAISアプローチを使って，さらなる事例研究を重ねることが必要である。

　[謝辞]　調査にご協力いただきましたX社の皆様に感謝申し上げます。本論文の誤り，不備の責任はすべて筆者に帰するものです。

## 【注】

（1）　「技術の社会的形成」アプローチは，技術を社会現象として捉え，それが物的存在，行為主体，制度的・構造的要因の相互作用から形成されるプロセスとして分析する。しかし，他の社会現象も同様なプロセスから形成されると見なすことができるため，「技術の社会的形成」アプローチは，社会現象一般の形成プロセスの研究アプローチともなりうる。

（2）　本稿ではエージェンシーを，認識能力，リフレキシビティ，理解能力，意図などを備えた行為主体が，社会的世界のルールや関係，資源配分を変えることのできる介入能力（Scott, 2014; 原, 2018）と定義する。

（3）　物的存在，行為主体，制度的・構造的要因の区別が認識論的であるというのは，おなじ存在であっても社会現象の形成プロセスにおいて，別物として分類されることを指している。たとえば，バスに乗っている人間は，目的地への移動を意図する存在として現れるときには行為主体として，座席や通路の空間を占める物体として論じられるときには物的存在として，乗客として事故時の補償対象として見られるときには制度的・構造的要因として捉えられる。つまり，これらの分類は，分析において要因間の相互作用関係において，どのように立ち現れるかによって判断されるものであって，存在に固有に与えられた属性ではない（原，2018, 22頁）。

（4）　「上司のNF氏から，「製品研究所のメンバーが君の実験に猛反対しているぞ！」と告げられましたが，分子鎖の長さが徐々にそろうという傾向を掴んでいたので，何かあると思って，実験を継続しました」（共同プロジェクト開始後，製品研究所から工程研究所へ異動した若手担当者TM氏）

（5）　学術論文は科学的手続き，査読制度などのパターン化された社会関係を経ることによって権威づけられた制度である。

（6）　スケールアップは化学製品の事業化にとって必要な制度である。なぜなら，その含意は，相当量の安定品質の化学物質を利益の獲得できるコストで生産できることであり，それは競争市場という制度に条件つけられているからだ。

（7）　溶媒の変更を新製品設計につなげることは，製品開発のための新たな組織ルーチンである。組織ルーチンはパターン化された社会的関係，すなわち制度である。

（8）　X社の機能性化学品は，法人向けの事業であり，製品の細かい仕様を決めるには，具体的な用途を持ち，品質だけでなくコストにも固有の利害関心

を有する顧客との対話が不可欠であったからである。また，こうした製品の細かい機能や構造の制御には工程の変更が必要であり製品研究所と工程研究所との連携が必要であった。
（9）　ここでの設計図は，パターン化された特定の手続きによって関係者間で正当化された設計を示しており，関係者が準拠すべき規範として，制度だと見なされる。

【参考文献】

Abernathy, W.J. and J.M. Utterback (1978) Patterns of Industrial Innovation, *Technology Review*, 80(7): 40–47.

Barnett, D.B. and K.B. Clark (1998) Problem Solving in Product Development: A Model for the Advanced Materials Industries, *International Journal of Technology Management*, 15(8): 805–820.

Callon, M. (1986) The Sociology of an Actor-Network: The Case of the Electric Vehicle, In Callon, M. and J. Law (Eds.), *Mapping the Dynamics of Science and Technology: Sociology of Science in the Real World*, 19–34, Basingstoke: Macmillan.

Clark, K.B. and T. Fujimoto (1991) *Product Development Performance*, Boston, MA: Harvard Business School Press. (田村明比古訳『製品開発力』ダイヤモンド社, 1993 年)

Enos, J.L. (1962) *Petroleum Progress and Profits: A History of Process Innovation*, Cambridge, MA: MIT Press.

Freeman, C. (1982) *The Economics of Industrial Innovation*, 2^{nd}. ed., Cambridge, MA: MIT Press.

Giddens, A. (1984) *The Constitution of Society: Outline of the Theory of Structuration*, Cambridge: Polity.

Latour, B. (2005) *Reassembling the Social: An Introduction to Actor-Network-Theory*, Oxford and New York: Oxford University Press.

Linn, R.A. (1984) Product Development in the Chemical Industry: A Description of a Maturing Business, *Journal of Innovation Management*, 2: 116–128.

Linton, J. D. and S. T. Walsh (2008) A Theory of Innovation for Process-based Innovations Such as Nanotechnology, *Technological Forecasting and Social Change*, 75: 583–594.

Orlikowski, W.J. (1992) The Duality of Technology: Rethinking the Concept of Technology in Organizations, *Organization Science*, 3: 397–427.

Pinch, T. J. and W. E. Bijker (1987) The Social Construction of Facts and Artifacts: or, How the Sociology of Science and the Sociology of Technology Might Benefit Each Other, In Bijker, W. B., T. P. Hughes and T. Pinch (Eds.), *The Social Construction of Technological Systems*, 17–50, Cambridge, MA: MIT Press.

Pisano, G.P. (1997) *The Development Factory: Unlocking the Potential of Process Innovation*, Boston, MA: Harvard Business School Press.

Quintella, R.H. (1993) *The Strategic Management of Technology in the Chemical and Petrochemical Industries*, London: Pinter.

Reichstein, T. and A. Salter (2006) Investigating the Sources of Process Innovation among UK Manufacturing Firms, *Industrial and Corporate Change*, 15(4): 653–682.

Rosenberg, N. (1982) *Inside the Black Box: Technology and Economics*, Cambridge: Cambridge University Press.

Scott, W. R. (2014) *Institution and Organization: Ideas, Interests, and Identities*, Thousand Oaks, CA: Sage.

Skinner, W. (1992) Precious Jewels: Companies That Achieve Competitive Advantage from Process Innovation, *International Journal of Technology Management*, 7(1/2/3): 41–48.

Stobaugh, R. (1988) *Innovation and Competition: The Global Management of Petrochemical Products*, Boston, MA: Harvard Business School Press.

Utterback, J.M. (1994) *Mastering the Dynamics of Innovation*, Boston, MA: Harvard Business School Press. (大津正和・小川進監訳『イノベーション・ダイナミクス』有斐閣, 1998 年)

Yin, R. K. (1994) *Case Study Research, 2nd eds.*, Thousand Oaks, CA: Sage Publications. (近藤公彦訳『ケース・スタディーの方法』千倉書房, 1996 年)

Womack, J.P., D.T. Jones, and D. Roos (1990) *The Machine That Changed the World: The Story of Lean Production*, New York: Rawson Associates. (沢田博訳『リーン生産方式が世界の自動車産業をこう変える』経済界, 1990 年)

富田純一（2005）「高吸水性ポリマーの製品開発と評

価能力―日本触媒「アクアリックCA」―」『赤門マネジメント・レビュー』，4(10): 1-19。

原拓志（1995）「化学産業における技術変化：塗料企業の事例からの考察」『研究年報』，41: 157-200。

―――（1996）「塗料工業における技術革新」『国民経済雑誌』，217(3): 163-190。

―――（2007）「研究アプローチとしての技術の社会的形成」『年報科学・技術・社会』，16: 37-57。

―――（2018）「MAISアプローチ：技術の社会的形成から社会現象の過程分析へ」『国民経済雑誌』，217(3):11-29。

藤本隆宏・桑嶋健一（2009）『日本型プロセス産業―ものづくり経営学による競争力分析―』，有斐閣。

宗像正幸（1989）『技術の理論―現代工業経営問題への技術論的接近―』同文館。

### 表1：一次データ（インタビューリスト）

| インタビュイー | 当時の役職 | 日時 | 場所 |
|---|---|---|---|
| MT氏 | 設備設計部門の担当者 | 2017年4月6日15：00～16：00 | 大阪本社 |
| KN氏 | 製品研究所の担当者 | 2017年4月26日14：00～15：30 | 東京本社 |
| | | 2017年5月8日10：00～11：00 | 東京本社 |
| TM氏 | 製品研究所から工程研究所へ異動した担当者 | 2017年5月12日15：00～16：30 | 大阪工場 |
| NF氏 | 工程研究所の担当者 | 2017年5月30日13：00～14：30 | 東京本社 |
| YD氏 | 製品研究所の担当者 | 2017年6月9日11：00～12：00 | 大阪本社 |
| SH氏 | 設備設計部門の担当者 | 2017年6月23日10：00～11：00 | 大阪本社 |

守秘のため，会社名，当時の役職，氏名は匿名とさせていただいた。場所はいずれもX社。

### 表2：二次データ（関連する文献等）

X社社内誌（2013）『X社工程研究所の歩み』。

特開平8-53514（1996）。

日本シーリング材工業会（2008）『改定版建築用シーリング材―基礎と正しい使い方―（第2版）』，日本シーリング材工業会。

野田浩二（1999）「リビング重合による新規機能性ポリマー―両末端官能性ポリイソブチレンオリゴマーの開発―」『化学と工業』，52(4)：465-467。

古川直樹（2008）「リビング重合を利用したポリイソブチレン系樹脂製造／プロセス開発におけるプロセス強化の取り組み」『化学工学』，72(4)：198-192。

日本経営学会誌 | 第43号
pp.40-52. 2019

# 中国市場への進出における相互依存的
# 立地選択行動と環境の不確実性

## ―事業経験と参入モードの影響―

竹之内　秀　行
（上智大学経済学部教授）

高　橋　意智郎
（日本大学商学部教授）

---

**キーワード**　相互依存的立地選択行動，中国市場，不確実性，事業経験，参入モード

---

## 1. はじめに

　企業は，海外進出にあたって立地選択の決定を行う必要がある。その際に，カギの1つとなるのが距離である。「国際経営は距離＝隔たりのマネジメントであり」（Zaheer, Schomaker and Nachum, 2012: 19），企業は海外進出において地理的距離に加えて，文化的距離，管理的距離，経済的距離と向き合わなければならない（Ghemawat, 2001）。隔たりは国と国の間にとどまらない。1国のなかでの地域と地域の間にも存在している。とりわけ新興国では，地域間の違いが顕著であり，どの地域を選択するかによって海外子会社の経営成果は大きく異なる（Chan, Makino and Isobe, 2010）。したがって，立地選択は国レベルのみならず地域レベルにおいても重要な選択なのである（Belderbos, Olffen and Zou, 2011; 林, 2012）。

　立地選択研究において，研究者の関心を集めてきた現象の1つに集積がある。集積とは，複数の企業が特定の地域に集中して立地する現象のことである。集積は，企業個別の意思決定の結果としてたまたま起きることもあれば，ある環境要因に対する個々の企業の共通の反応の結果として起きることもある。しかし，最も注目を集めてきたのは，個々の企業が相互参照的な意思決定を行った結果として発生する，集積である（Gimeno, Hoskisson, Beal and Wan, 2005）。Guillén（2002）は，海外進出においては他社の行為を参照することで，現地市場に関する情報や正当性を確保できる，と指摘している。また，Chan, Makino and Isobe（2006）は，日本企業が海外進出に際して自社と類似した企業に追随することを明らかにしている。林（2012）は，日系自動車部品メーカーの中国進出を対象として，本国の同業他社がより最近立地した地域を製造拠点として選択することを示した。しかし，

---

（2018.11.19受付／2019.1.9受理）

先行研究では，どのような時に相互参照的な立地選択が行われるのかについて明示的には扱っていない。企業は常に他企業を参照して立地選択を行うわけではないのである。

そこで，本稿では本国の同業他社の立地選択が，自社の立地選択へ与える影響に取り組む。本研究は，2つの点で先行研究と異なる。第1に，同業他社が立地選択へ与える影響が，自社内部での経験蓄積や海外市場への参入モードによってどのように変化するのか，を明らかにする。第2に，先行研究において産業レベルで行われていた研究を，部品レベルにおいても検討する。対象とするのは，日系自動車部品メーカーの中国市場における立地選択である。次節で先行研究を検討した上で仮説を提示し，第3節で研究方法，第4節で分析結果，第5節でディスカッションを記し，そして第6節で結論について述べる。

## 2．先行研究の検討と仮説の提示

### 2-1．不確実性と立地選択

企業は，海外事業を行う上で，現地企業と比べて追加的なコストを払わなければならない。その追加的なコストのことを「外国企業であることの不利（liability of foreignness：以下LOF）」と呼ぶ（Zaheer, 1995: 341）。LOFの根底にあるのは外国企業ゆえに現地環境を理解することの難しさであり，LOFは多国籍企業理論における重要な仮定となっている（Hymer, 1960）。

とりわけ，中国などの新興国市場について理解することは容易ではない。新興国は，地域によって経済的変化のプロセスが不均衡であることに加えて（Chan et al., 2010），制度的欠陥を抱えていることが多く（Khannna and Palepu, 1997），不確実性の高い市場なのである。そのため，立地選択の成果を事前に把握することが難しく，立地選択に際して経済的な合理性だけではなく制度的・社会的な合理

性に影響されることになる（Guillén, 2002）。

不確実性の高い市場への進出に際して，外国企業は先行企業を模倣することで価値ある情報を確保する（Belderbos et al., 2011）。先行企業の生み出す情報の多くは，他社が使用できる公的な知識であるため，後に参入する企業は先行企業から学ぶことができる（Shaver, Mitchell and Yueng, 1997）。先行企業へ追随することで，探索コストを節約したり不確実性を低減できるのである（Cyert and March,1963; Lieberman and Asaba, 2006）。また，先行企業による参入は，同様の行為の正当性を高めてくれる（Suchman, 1995）。特に，高い不確実性の下では，その効果は重要である（Tolbert and Zucker, 1983; Haunschild and Miner, 1997）。後発企業は，先行企業の行動への模倣的同型化を試みることで，正当性の確保を図るのである（DiMaggio and Powell, 1983）[1]。

通常，こうした情報のスピルオーバーの源泉となったり，正当性の確保を促進してくれるのは，本国の同業他社である（林, 2012）。というのも，現地企業と外国企業では直面する課題も異なるからである。本国が同一でかつ同一産業に属していれば，同じような問題に直面している可能性が高く，それらの企業から新たな情報を学習する機会を得ることができる。また，同業他社が海外進出するにつれて，同一産業内の他企業にとっても海外進出の正当性が高まる（Guillén, 2002）。加えて，本国が同じであればその効果はさらに大きくなる。Belderbos ら（2011）と林（2012）は本国を同じくする同業他社が参照集団を構成することを示している。林（2012）によれば，中国への日系自動車部品メーカーによる初回の製造拠点の立地選択という高い不確実性下では，本国の同業他社が多く集積している地域ほど立地選択される傾向がある。また Tan and Meyer（2011）はローカル知識という暗黙知を交換するには相互信頼が必要であるため，外国企業は本国を同じくする他企業

の近くに立地し，そこで発生する駐在員ネットワークなどを活用することで，それらの企業からローカル知識を得ていることを示している。かくして次の仮説が導かれる。

仮説1a：企業は，中国における立地選択において，本国の同業他社が多く立地する地域を選択する傾向がある。

同一産業に属するといっても，すべての企業から同じような影響を受けるかは分からない。同一産業内の企業であっても，生産する製品も異なれば，取引相手や競合企業も異なる。したがって，本国の同業他社のすべてから同じ影響を受けるとは考えにくい。中国における立地選択という高い不確実性に対処する上で，同一産業内であってもより自社と類似した他社（Chan et al., 2006），より近い環境にいる他社の立地選択行動を観察・参照すると考えられる。かくして次の仮説が導かれる。

仮説1b：企業は，中国における立地選択において，本国の同一部品カテゴリーの同業他社が多く立地する地域を選択する傾向がある。

## 2-2. 自社経験の影響

意思決定における不確実性を低減する重要な方法の１つは，経験である（Henisz and Delios, 2001）。不確実性の高い状況において他社の行動を参照して立地選択を行う原因の１つは，経験の不足にある（DiMaggio and Powell, 1983; Haunschild and Miner, 1997）。現地市場において事業経験を積めば現地市場に関する知識が蓄積され，社会的基準よりも技術的基準へ重きを置いて立地選択を行うようになる（Henisz and Delios, 2001）。

外国企業は，現地での事業経験を通じて国の文化，ビジネス慣行，消費者の嗜好，政府の政策決定プロセス，公的・民間のアクターの選好など多くの情報を手に入れる。先行研究では，米国進出経験と米国子会社の生存確率の関係（Li, 1995），進出国への参入経験や

本国と類似した文化ブロックでの経験と当該国における事業拡張の成功の関係（Barkema et al., 1996），当該国における事業経験および当該国における対象産業での事業経験と情報のスピルオーバーの関係（Shaver et al., 1997）など，事業経験について数多くの研究が行われてきた。Chang and Rosenzweig（2001）は，中でも当該国での事業経験が最も重要である，と論じている。

Henisz and Delios（2001）は，日本企業の製造拠点立地を対象として，事業経験を通じた企業特殊的不確実性の低下が模倣戦略の採用をモデレートすることを発見している。Guillén（2002）では，韓国企業の中国進出を対象として，韓国企業が当該国での事業経験を通じて，現地の情報を直接収集するだけではなく現地市場において正当性を確保できるため，同一本国の同業他社の海外進出が当該企業の海外進出へ与える影響は２度目以降の進出においては低下することを明らかにしている。Belderbosら（2011）も，日本企業の中国市場における立地選択を対象として，最初の中国進出とそれ以降の中国進出を比較すると，２度目以降の進出においては同一本国の同業他社の立地選択の影響が弱まることを示唆している。かくして次の仮説が導かれる。

仮説2a：中国への進出の経験がない企業ほど，中国における立地選択において，本国の同業他社が多く立地する地域を選択する傾向がある。

さらに，自らのローカル経験によって，自社と類似した他社（Chan et al., 2006），より近い環境にいる他社の立地選択が自社の立地選択へ与える影響についても，その影響は弱まると考えられる。したがって，同業他社の中でも同一部品カテゴリーに属する同業他社の影響は弱まると考えられる。かくして次の仮説が導かれる。

仮説2b：中国への進出の経験がない企業ほど，中国における立地選択において，本国の

同一部品カテゴリーの同業他社が多く立地する地域を選択する傾向がある。

## 2-3. 参入モードの影響：
### 現地企業ならびに商社との合弁

　進出国において事業経験を蓄積すること以外にも，不確実性を低下させる方法はある。現地企業と合弁を形成することや，進出国や海外市場において経験豊富な商社と合弁を形成する方法である（Kostova and Zaheer, 1999）。

　現地企業は，外国企業が現地環境に関する情報にアクセスしたり，現地で社会関係資本を構築する上で，重要な情報源である（Lamin and Livanis, 2013）。現地企業は外国企業よりも早くから現地市場で事業を展開し当該国に埋め込まれているため，外国企業にとって現地企業との合弁は現地市場固有の知識を獲得するツールとなりうる（Kogut and Singh, 1988）。加えて，現地企業との合弁は，現地市場において「よそ者であることの不利（liability of outsidership）」（Johanson and Vahlne, 2009）を軽減したり（Tan and Meyer, 2011），政策的不確実性にさらされる可能性を引き下げてくれる（Henisz and Delios, 2001）。また，現地企業や現地政府との間に広範囲なネットワークを構築している現地企業と組むことによって，正当性を得ることもできる。したがって，現地企業と合弁で中国進出することで，同業他社の立地選択を参考にする必要性は低下する。かくして次の仮説が導かれる。

　仮説3a：現地企業との合弁モードで進出しない企業ほど，中国における立地選択において，本国の同業他社が多く立地する地域を選択する傾向がある。

　同様に，現地企業と合弁で進出することで，より近い環境にいる他社の立地選択が自社の立地選択へ与える影響についても，その影響を弱めると考えられる。したがって，仮説2bと同様に，同一部品カテゴリーに属する同業他社の影響は弱まると考えられる。かくして

次の仮説が導かれる。

　仮説3b：現地企業との合弁モードで進出しない企業ほど，中国における立地選択において，同一部品カテゴリーの同業他社の立地選択を模倣する傾向がある。

　不確実性を低下させるもう1つの方法として，商社との関係が考えられる。日本企業の海外展開において，商社は重要な役割を果たしてきた。事実，日本企業の海外展開を振り返ってみれば，商社を通じて外国市場へ輸出を行ってきたし，海外生産の多くが商社参加型の合弁で行われてきた。戦後日本企業が海外展開を進める中で，海外市場へのアクセスが限られ現地市場に関する知識もなかった日本企業にとって，国際事業経験の豊かな商社は重要な役割を果たしてきたのである。結果として，両者の間には，互いに依存した関係が築かれている（Goerzen and Makino, 2007）。つまり，一般的な国際経験あるいは当該国での事業経験が豊富な商社は，当該市場におけるローカルな知識や社会関係資本を構築しており，そうした商社と組むことで，企業はローカルな知識や正当性を得ることができる。したがって，商社と合弁で中国進出することで，同業他社の立地選択を参照する必要性は低下する。かくして次の仮説が導かれる。

　仮説4a：本国商社との合弁モードで進出しない企業ほど，中国における立地選択において，本国の同業他社が多く立地する地域を選択する傾向がある。

　これまでの議論と同様に，自社と類似した他社（Chan et al., 2006），より近い環境にいる他社の立地選択が自社の立地選択へ与える影響についても，その影響は弱まると考えられる。したがって，仮説2bや3bと同様に，同一部品カテゴリーに属する同業他社の影響は弱まると考えられる。かくして次の仮説が導かれる。

　仮説4b：本国商社との合弁モードで進出しない企業ほど，中国における立地選択におい

て，同一部品カテゴリーの同業他社が多く立地する地域を選択する傾向がある。

## 3. 分析対象と分析方法

### 3-1. 分析の対象

　本稿の分析対象は，1987年から2005年の日系自動車部品メーカーの中国進出である[2]。ここで言う中国進出とは，製造子会社の設立であり，販売子会社や研究開発子会社の設立は含まない[3]。日系自動車部品メーカーの中国進出を対象としたのは，以下の理由からである。

　第1に，日系自動車部品メーカーは1980年代の後半まで中国に製造拠点を設立していない。そのため，分析においてデータの左側打ち切りの問題を回避できる。第2に，分析対象期間である1980年代後半から2000年代半ばの中国市場は，政策面のみならず消費市場として不確実性の高い市場であった[4]。つまり，日系自動車部品メーカーは不確実性の高い状況下において立地選択を行う必要があったのである。第3に，日系自動車部品メーカーは多くの中国投資を行っている。中国投資が多いということは，①多くの同業他社が進出をしているか，②同一企業が複数の投資をしている，ことを意味する。したがって，同業他社が立地選択へ与える影響のみならず，自社の事業経験が立地選択へ与える影響を検討することが可能である。以上の3点から，日系自動車メーカーの中国進出は，本稿の分析において適切な事象を提供していると考えられる（竹之内・齋藤，2017）。

　分析対象となる日系自動車部品メーカーの選定は，次の4つの基準に基づいて行った。第1に，代表的な業界団体の1つである日本自動車部品工業会に所属している。第2に，株式上場しており財務データの使用が可能である。第3に，中国進出に関するデータの入手が可能である。第4に，分析対象期間中に中国に製造拠点を設立している。以上の4つの条件を満たす日系自動車部品メーカーとして104社を特定した。

### 3-2. データの収集

　日系自動車部品メーカーの中国進出に関するデータは，次のプロセスを通じて収集した。第1に，東洋経済新報社の『海外進出企業総覧』各年版を用いて，製造拠点のデータを収集した。具体的には，①親会社の名称，②中国拠点の名称，③中国拠点の住所，④設立時期，⑤生産品目，⑥親会社の出資比率のデータを収集した。第2に，それらすべての製造拠点について，各社の有価証券報告書，各社のニュースリリース，社史，その他データベースを通じて確認をとるとともに，異なる記録が発見された場合にはデータへ修正と追加を行った[5]。第3に，日経テレコン21において「社名」と「中国」という検索ワードで1987年から2005年の新聞記事を収集し，それらの記事と突き合わせることで製造拠点のデータへさらなる修正と追加を行った。これらのプロセスでは，2つの点に注意を払った。1つは，一方向的なプロセスではなく，新聞記事を確認したのちに再び公表資料に戻って確認を行うなど，繰り返しデータ確認作業を行った。もう1点は，2人以上（著者を含む）が同じ作業に携わることで，データの信頼性の向上を図った。その結果，日系自動車部品メーカー104社による17地域279拠点を特定した。それら279拠点が，実際に立地先として選択した地域（省，直轄市，および自治区単位）は17地域であったため，立地選択の選択肢をこの17地域とした。よって，観察数は4,743（279拠点×17選択肢）となった。

　また，中国の各地域の経済状況やインフラ状況に関するデータは，中国国家統計局による『China Statistical Database』の各年版を用いて収集した。また，第三国の完成車メーカーと自動車部品メーカーの中国進出につい

ては，Fourin（2005）『中国進出世界部品メーカー総覧2005』を用いて収集した。同資料から進出地域や進出時期を判断できないものについては，アニュアルレポートなどの各種公表資料を参照してデータを確認した。

### 3-3．目的変数

本稿の分析では，日系自動車部品メーカーの中国進出における地域選択に焦点をあてている。したがって，ある日系自動車部品メーカーが，ある年に，ある地域を選択したかどうかが目的変数となる。具体的には，選択された地域には「1」，それ以外の地域については「0」の値をとるダミー変数が与えられる。分析手法としては，条件付きロジットモデルを用いる。条件付きロジットモデルでは，選択肢（本研究では地域）の特性が選択肢の魅力を決定し，それぞれの選択肢の選択される確率を決定すると捉えている。実際に，海外直接投資の立地選択に関する先行研究において，条件付きロジットモデルは頻繁に用いられてきた（Berderbos et al., 2011; Shaver and Flyer, 2000）。ただし，条件付きロジットモデルでは，選択者の属性（たとえば，最初の参入なのか，2度目以降の参入なのか）を含めて分析を行わない。そこで，本研究では，選択者の属性の影響については，「スプリット・サンプル」手法を用いて分析を行う。スプリット・サンプル分析は，観察対象間の係数を比較する際に一般的な手法である（Hoetker, 2007）。具体的には，仮説2，仮説3，仮説4において，サンプルを仮説2では「1回目と2回目以降」，仮説3では「現地企業との合弁なのかそうではないのか」，仮説4では「商社との合弁なのかそうではないのか」へそれぞれスプリットして分析を行う。そして，スプリットしたサンプル間で係数に差があるかどうかの確認を行う。

### 3-4．説明変数

本研究における説明変数は，本国の同業他社が中国に設立した製造拠点数を用いて測定されている。具体的には，自動車部品メーカーがある年（t年）に中国のある地域へ製造拠点を設立した際に，その前年（t－1年）までに本国の同業他社がその地域へ設立した製造拠点数のカウントデータである。このデータを用いて，2つの説明変数を設定した。

第1の変数は，当該自動車部品メーカーが中国のある地域に進出した前年までに，同業他社が各地域に設立した製造拠点数のカウントデータである。第2の変数は，同業他社の属性をとらえた変数である。具体的には，生産品目に注目して，自動車部品をエンジン部品，駆動・伝導・操縦部品，懸架・制動部品，車体部品，照明・計器等電気・電子部品，電装品・電子部品，用品の7つのカテゴリーに分類した。カテゴリーに分類したのちに，当該企業が進出した前年（t－1年）までに，同一カテゴリーの部品を製造する同業他社が各地域に設立した製造拠点数のカウントデータを用いた。なお，これら同業他社の集積にかかわる2つの説明変数はストックの意味を持つ変数である。それぞれの値が大きくなるほど，立地選択に対する効果は低減していくと考えられるため，対数変換した値を用いた（林，2012）。

また，中国での事業経験については，参入以前に事業経験がある場合には「1」，そうでなければ「0」のダミー変数を設定した。現地企業の合弁については，日系自動車部品メーカーが進出時に中国現地企業が出資していれば「1」，そうでなければ「0」のダミー変数を設定し，本国商社との合弁については，同じく進出時に本国商社が出資していれば「1」，そうでなければ「0」のダミー変数を設定した。そして，それらをそれぞれのサブサンプルに分けて分析を行った。

日本経営学会誌 ｜ 第43号

表1：基本統計量

| 変数 | 観測数 | 平均値 | 標準偏差 |
|---|---|---|---|
| 各年・各地域における域内総生産 | 4743 | 4.82 | 3.55 |
| 各年・各地域における一人当たり域内総生産 | 4743 | 11.86 | 9.95 |
| 各年・各地域における自動車生産量 | 4743 | 13.02 | 14.73 |
| 各年・各地域における製造業の平均賃金 | 4743 | 9.94 | 5.02 |
| 各年・各地域における高速道路比率 | 4743 | 0.43 | 0.23 |
| 各年・各地域における経済特別区・沿海開放区のダミー変数 | 4743 | 0.47 | 0.50 |
| 各年・各地域における日系完成車メーカーの製造拠点数 | 4743 | 0.61 | 0.81 |
| 各年・各地域における第三国の完成車メーカーの製造拠点数 | 4743 | 0.84 | 1.12 |
| 各年・各地域における第三国の自動車部品メーカーの製造拠点数 | 4743 | 0.69 | 0.54 |
| 各年・各地域における日系自動車部品メーカーの製造拠点数 | 4743 | 0.64 | 0.47 |
| 各年・各地域における日系自動車部品メーカーの製造拠点数（同一部品カテゴリー） | 4743 | 0.23 | 0.31 |

（注）域内総生産，一人当たり域内総生産，平均賃金は1,000，自動車生産量は10,000で除した値である。

## 3-5. コントロール変数

日系自動車部品メーカーの中国における立地選択を厳密に捉えるために，自動車部品メーカーの立地選択へ影響を及ぼす要因を制御した。第1のコントロール変数は，完成車メーカーの製造拠点の地域ごとの集積である。完成車メーカーの集積については，2つの側面から測定した。1つは日系完成車メーカーの集積であり，もう1つは第三国の完成車メーカーの集積である。これら2つの集積ともに，完成車の製造拠点数を地域ごとにカウントしたデータを用いた。

第2のコントロール変数は，海外の自動車部品メーカーの地域ごとの集積である。日系自動車部品メーカーの同業他社は，日系企業だけではない。本国の同業他社だけではなく，第三国の自動車部品メーカーの立地選択が，日本の自動車部品メーカーの立地選択へ影響を与えると考えられる。この変数については，第三国の自動車部品メーカーの製造拠点を地域ごとにカウントしたデータを用いた。なお，第三国の自動車部品メーカーの中国進出については，対数変換した値を用いている。

続いて，地域属性を制御するために，域内総生産額，一人当たり域内総生産額，域内自動車生産量，労働者の平均賃金，高速道路の長さ，経済開放度の6つの制御変数を設定した（Berderbos et al., 2011）。第1に，域内総生産額と一人当たり域内総生産を含めることで，域内の消費者の潜在的な需要を制御した。第2に，域内自動車生産量と労働者の平均賃金を制御した。域内の自動車生産量が多いほど，そこには自動車の製造に関する関連施設や関連企業が集積している可能性が高い。また，労働者の平均賃金は地域の製造拠点としての魅力を示している。次に，インフラ発展度を測定するために，高速道路比率を変数として用いた。具体的には，地域ごとの高速道路の長さを総面積で除した値を用いた。最後に，地域ごとの輸出拠点としての魅力や政策的な優遇政策の程度を制御するために，当該地域が経済開放区や沿海開放都市を有しているかどうかをダミー変数で測定した。以上が，分析に用いる説明変数と制御変数である。いずれのデータも，進出の前年のt－1年の時点で測定した。また，地域ごとの固有の効果をコントロールするために，中国を東北部，沿海部，中部，内陸部の4つに分け，内陸部を基準としたダミー変数を導入した。

## 4．分析結果

### 4-1．立地選択に対する同業他社の影響

日系自動車部品メーカーの中国における立地選択の分析結果について，表2にまとめた。なお，各変数の記述統計量については表1に

▶中国市場への進出における相互依存的立地選択行動と環境の不確実性

表2：分析結果①：日系自動車部品メーカーの立地選択

| | (1) | (2) | (3) | (4) |
|---|---|---|---|---|
| 域内総生産 | 0.054* <br> (0.030) | 0.029 <br> (0.034) | 0.051 <br> (0.032) | 0.025 <br> (0.034) |
| 一人当たり域内総生産 | - 0.097*** <br> (0.036) | - 0.110*** <br> (0.037) | - 0.098*** <br> (0.036) | - 0.112*** <br> (0.037) |
| 自動車生産量 | 0.011 <br> (0.014) | 0.009 <br> (0.014) | 0.010 <br> (0.014) | 0.009 <br> (0.014) |
| 高速道路比率 | 0.871 <br> (0.550) | 0.359 <br> (0.600) | 0.809 <br> (0.587) | 0.403 <br> (0.604) |
| 労働者の平均賃金 | 0.159** <br> (0.069) | 0.198*** <br> (0.072) | 0.160** <br> (0.070) | 0.201*** <br> (0.072) |
| 経済特区・沿海開放区 | 1.513*** <br> (0.561) | 1.072*** <br> (0.416) | 1.480*** <br> (0.371) | 1.063** <br> (0.417) |
| 日系完成車メーカーの製造拠点数 | 0.334*** <br> (0.095) | 0.225** <br> (0.108) | 0.322*** <br> (0.101) | 0.232** <br> (0.109) |
| 第三国の完成車メーカーの製造拠点数 | 0.099 <br> (0.089) | 0.069 <br> (0.090) | 0.093 <br> (0.091) | 0.076 <br> (0.091) |
| 第三国の自動車部品メーカーの製造拠点数 | 0.986** <br> (0.413) | 0.864** <br> (0.407) | 0.979** <br> (0.413) | 0.857** <br> (0.414) |
| 日系自動車部品メーカーの製造拠点数 | | 0.829** <br> (0.407) | | 0.964** <br> (0.459) |
| 日系自動車部品メーカーの製造拠点数（同一部品） | | | 0.125 <br> (0.343) | -0.246 <br> (0.382) |
| Observations | 4743 | 4743 | 4743 | 4743 |
| Log-Likelihood | -619.94 | -617.84 | -619.88 | -617.63 |
| Chi-Square | 341.03*** | 345.25*** | 341.16 | 345.66*** |
| LR-test: Comparing Models | | (2)Vs(1) | (3)Vs(1) | (4)Vs(1) |
| Differences in Chi-Square | | 4.22** | 0.13 | 4.64* |

（注）カッコ内は標準誤差。***は1%水準，**は5%水準，*は10%水準で有意であることを示す。

示している。表2の (1)式では，コントロール変数のみを含んだ分析を行った。それに続いて，(2)式では日系の同業他社の製造拠点数を含めた分析を行い，(3)式では同一部品カテゴリーの同業他社の製造拠点数，(4)式ではすべての変数を含んだ分析を行った。

コントロール変数の影響について見ていくと，経済特区・沿海開放区がすべてのモデルにおいてプラスの有意な影響を与えていることに加えて，域内総生産と高速道路比率がいずれのモデルにおいてプラスの影響を与えている。その一方で，一人当たり域内総生産はマイナスの有意な影響を及ぼしていた。また，日系完成車メーカーの製造拠点数と第三国の同業他社の製造拠点数がプラスの有意な影響を与えていることが分かった。

では，こうしたコントロール変数を考慮した上で，同業他社の集積は当該企業の立地選

択にどのような影響を及ぼしているのだろうか。第1に，(2)式と (4)式において日系自動車部品メーカーの製造拠点数はプラスの符号を示し有意となっている。このことから，日系の同業他社の製造拠点数が多い地域ほど，その地域が製造拠点として選択される傾向があることが分かる。したがって，仮説1aは支持されたと言える。第2に，(3)式と (4)式が示すように，同一部品カテゴリーの同業他社の中国進出については，統計的に有意な関係は見出されなかった。したがって，仮説1bは支持されなかった。

## 4-2. 立地選択における同業他社の影響と不確実性

ここまで，全サンプルを対象に検討をしてきた。ここからは，サブサンプルに分けて行った3つの分析について検討する。その結果を

示したのが表3である。

　まず，中国市場での事業経験が立地選択へ与える影響を検討した。第1に，同業他社の製造拠点数の影響は，(1)式と(3)式が示すようにともに符号はプラスであり，(3)式においては10%水準で有意であった。したがって，現地市場での事業経験を積んでいるケースのみ，同業他社の製造拠点数の影響を受けており，仮説2aは支持されなかった。第2に，同一部品カテゴリーの同業他社の影響については，(2)式が示すように符号はプラスであり5%水準で有意な結果が発見されたのに対し，(4)式では有意な関係が見られなかった。したがって，現地市場での事業経験がないケースのみ，同一部品カテゴリーの同業他社から影響を受けており，仮説2bについては支持された。この分析結果の興味深い点として，中国での事業経験のない最初の中国進出における立地選択においては，同一部品カテゴリーの同業他社の製造拠点数からのみ影響を受けるのに対して，2回目以降については同業他社の製造拠点数からのみ影響を受けていることが分かった。

　続いて，参入モード（現地企業との合弁）が立地選択へ与える影響を検討した。第1に，同業他社の製造拠点数の影響は，(5)式と(7)式が示すように，どちらの式においても符号はプラスであったが，統計的に有意な関係は見られなかった。第2に，同一部品カテゴリーの同業他社の影響については，(6)式と(8)式が示すように，どちらの式においても符号はマイナスであり有意な関係は見られなかった。したがって，現地企業との合弁による進出モードにおいても，そうではないケースにおいても，本国同業他社の立地選択・同一部品カテゴリーの同業他社の立地選択ともに，当該企業の立地選択へ与える影響を見出すことはできなかった。よって，仮説3aと仮説3bともに支持されなかった。

　最後に，本国商社との合弁による参入モードが立地選択へ与える影響を検討した。第1に，同業他社の影響は(9)式と(11)式が示すように符号条件はともにプラスであり，(9)式では有意な関係が見られなかったが，(11)式では1%水準で有意であった。したがって，仮説4aとは異なり，本国商社との合弁による進出モードの方が，同業他社の製造拠点数の影響を受けていることが分かった。第2に，同一部品カテゴリーの同業他社の影響については，(10)式と(12)式が示すように，(10)

表3：分析結果②：日系自動車部品メーカーの立地選択と経験・現地企業との合弁・本国商社との合弁

| | 現地市場での事業経験 | | | | 現地企業との合弁 | | | | 本国商社との合弁 | | | |
| | なし | | あり | | なし | | あり | | なし | | あり | |
| | (1) | (2) | (3) | (4) | (5) | (6) | (7) | (8) | (9) | (10) | (11) | (12) |
|---|---|---|---|---|---|---|---|---|---|---|---|---|
| 日系自動車部品メーカーの製造拠点数 | 0.100 (0.738) | | 1.048* (0.547) | | 0.396 (0.578) | | 0.800 (0.577) | | 0.054 (0.460) | | 3.456*** (0.992) | |
| 日系自動車部品メーカーの製造拠点数（同一部品カテゴリー） | | 1.253** (0.587) | | -0.202 (0.129) | | -0.066 (0.163) | | -0.051 (0.565) | | -0.246 (0.388) | | 1.200 (0.750) |
| Observations | 1870 | 1870 | 2873 | 2873 | 2958 | 2958 | 1785 | 1785 | 3740 | 3740 | 1003 | 1003 |
| Log-Likelihood | -226.15 | -224.94 | -377.53 | -379.30 | -339.04 | -339.27 | -256.55 | -257.53 | -478.66 | -478.47 | -126.45 | -132.07 |
| Chi-Square | 171.00*** | 173.43*** | 202.55*** | 199.01*** | 307.87*** | 307.41*** | 81.86*** | 69.90*** | 289.28*** | 289.66*** | 81.42*** | 70.19*** |

（注）カッコ内は標準誤差。***は1%水準，**は5%水準，*は10%水準で有意であることを示す。コントロール変数（域内総生産，域内一人当たり総生産，自動車生産量，高速道路比率，労働者の平均賃金，経済特区・沿海開放区，日系完成車メーカーの製造拠点数，第三国の完成車メーカーの製造拠点数，地域ダミー）の表記は省略。

式がマイナスの符号を示しているが有意ではなく，(12)式はプラスの符号であるが有意ではなかった。この結果から，仮説4aと仮説4bともに支持されなかった。ただし，この結果の興味深い点として，本国商社との合弁モードによる中国進出の方が，同業他社の立地選択を参照しながら中国における立地選択をする傾向にあることが分かった。

なお，条件付きロジットモデルは，選択肢の独立性を前提としている。このことは，他の選択肢から影響を受けないことを意味している (Hausman and McFadden, 1984)。そこで，独立性の仮定に関する頑健性をテストするために，異なるサブサンプルにおいても係数を推定した。具体的には，最も立地選択されている広東省を除いたサンプルで，仮説の検証を行った。その結果，符号条件や有意水準に大きな違いは見られなかった。

## 5. ディスカッション

本研究では，日系自動車部品メーカーの対中投資を対象として，海外拠点の立地選択における相互依存的行動について分析を行った。その結果，以下の点が明らかとなった。

第1に，全サンプルを対象とした分析において，本国の同業他社が多く集積している地域ほど，立地先として選択される傾向があることが分かった。

第2に，不確実性への対応パターンに応じて，影響が異なることが分かった。まず，中国での事業経験については，事業経験のない最初の進出では，同業他社の立地選択は有意な影響を及ぼさないのに対し，同一部品カテゴリーの同業他社の立地選択がプラスに有意な影響を及ぼすことが分かった。加えて，2度目以降の進出では，同業他社の立地選択のみプラスの符号を示し有意な影響を及ぼしていることが分かった。続いて，現地企業との合弁による参入モードについては，いずれの

ケースにおいても有意な関係を見出すことができなかった。最後に，本国商社との合弁については，仮説とは異なり，商社と合弁で進出したケースにおいて，本国の同業他社の影響がプラスに有意であり，そうではないケースにおいてはどちらも有意でなかった。

以下では，これらの結果について検討する。第1に，本研究は同業他社の立地選択が多国籍企業の立地選択へ与える影響に関する先行研究へ貢献できるだろう (Belderbos et al., 2011; Chan et al., 2006)。中国のような不確実な市場へ参入する際には，同業他社の行動を参照しながら立地選択が行われているのである。

第2に，不確実性を解消する装置として，事業経験，現地企業との合弁，本国商社との合弁について検討したが，それぞれによって異なる結果が得られた。これは本研究における1つの発見である。先行研究では，現地市場における事業経験について主に検討されてきたが，本研究では，現地企業との合弁についてはそうした効果を発見することはできなかった。中国における現地企業との合弁は，必ずしも外部からの学習を通じて不確実性を解消する役割を果たしていないのかもしれない。

第3に，中国市場での事業経験の点で，最初の進出では同一部品カテゴリーの同業他社から影響を受け，2度目以降の進出では同業他社の影響を受ける傾向があることが分かった。この発見事実は，事業経験のない最初の進出の方が同業他社の影響を強く受けるとする先行研究と異なる (Belderbos et al., 2011; Guillén, 2002)。本研究の結果の解釈の1つとして，影響の時期にタイムラグがあることがその原因かもしれない。不確実性が高い状況下では，同一部品カテゴリーの同業他社のような身近なプレーヤーの行動を参照し，経験を積むにつれてより遠くのプレーヤーがタイムラグを置いて影響を及ぼしているのかもし

れない。

　第4に，本国商社との合弁については，仮説とは異なり，本国商社と合弁のケースの方が同業他社の立地選択の影響を受けていることが分かった。この解釈として，商社の果たすグループ連結機能の影響があるかもしれない。たとえば，トヨタグループであれば豊田通商が合弁相手として選択されることが多い。そのため，豊田通商を1つの連結装置としてグループが同じ時期にある特定の立地を選択する可能性が考えられる。そうだとすると，日本における商社は情報の不確実性や非対称性を解消する役割だけではなく，グループを連結する重要な役割を果たしていると考えらえる。

## 6. 結　　論

　本研究では，日系自動車部品メーカーの対中投資を対象として，本国の同業他社の立地選択が，自社の立地選択へ与える影響に取り組んだ。その結果，本国の同業他社が多く立地する地域を選択する傾向があること，自社内部での経験蓄積や海外市場への参入モードに応じて，同業他社の影響が異なることが分かった。

　以上のような点を明らかにすることができたが，その反面，本研究にはいくつかの課題が残っている。第1に，本研究では立地選択における相互依存的行動を確認できたが，説明メカニズムの特定には至っていない。外部経済モデルや学習モデルなど複数の説明メカニズムを比較検討することが必要であろう。第2に，現地企業との合弁による参入モードについては詳細な検討が必要かもしれない。1980年代においては政策的に現地企業との合弁が推奨されるケースがあるため，政策が中国市場への参入方式へ与える影響を考慮したうえで，検討することが必要だろう。第3に，中国市場や自動車部品産業に限定した話であ

り，対象国や対象産業を広げていくことが必要であろう。第4に，本研究は立地選択として製造拠点を取り上げたが，現地市場での販売活動における立地選択や，同じ製造拠点であっても輸出拠点の立地選択と現地市場向け拠点の立地選択では，異なる結果が得られるかもしれない。これらについては，今後の研究課題としたい。

　【謝辞】　学会・研究会で，多くの先生方から有益なコメントを頂戴しました。心よりお礼申し上げます。ただし本稿の誤り・不備などの責任は，すべて筆者にあります。なお本稿は，科学研究費課題番号16K03888による研究成果の一部であります。

## 【注】

（1）　情報スピルオーバー理論と制度化理論のいずれの理論的アプローチも，他社が示した例が提供する社会的情報によって導かれたプロセスとして立地選択を捉えている点では共通している（Belderbos et al., 2011）。

（2）　本稿では，香港は含まない。香港は，中国返還後も，内陸部と異質な地域だと考えられる。また，われわれがデータの収集作業をしたとき，香港への投資についても調べてみたが，香港に製造子会社を設立した日本の自動車部品メーカーはほとんどなかった。

（3）　その際には，10％以上の出資が行われている製造子会社に限定した。通常，国際経営の分野では，10％以上の出資があるかどうかを直接投資の基準としている（Hymer, 1960）。

（4）　たとえば，1994年には「増値税」をめぐるトラブルがあった。当時，中国国内で原材料を仕入れる際に，17％の外税方式の付加価値税が課せられていたが，その原材料で製造した製品を輸出する場合，申請すれば還付されることが条例に明記されていた。しかし，中国財政省と国家税務総局が「外資系企業の貨物輸出に関する税収問題の通知」を出し，外資系企業の輸出貨物にかかった仕入税額は還付できないことを告げてきたのである。

（5）　具体的には，その他のデータベースとして，FOURIN（2005）『中国進出世界部品メーカー総覧2005』，アイアールシー（2009）『中国自動車産業

と日本メーカーの事業戦略 2009 年版』, 蒼蒼社『中国進出企業一覧上場会社編』各年版, 日本自動車工業会『日本の自動車部品工業』各年版を用いた。

## 【参考文献】

Barkema, H. G., Bell, J. H. J. and Penningo, J. M. (1996) 'Foreign entry, cultural barriers, and learning', *Strategic Management Journal*, 17(2): 151–166.

Belderbos, R., Olffen, W.V. and Zou, J. (2011) 'Generic and specific social learning mechanisms in foreign entry location choice', *Strategic Management Journal*, 32(12): 1309–1330.

Chan, C. M., Makino, S. and Isobe, T. (2006) 'Interdependent behavior in foreign direct investment: The multi-level effects of prior entry and prior exit on foreign market entry', *Journal of International Business Studies*, 37(5): 642–665.

Chan, C. M., Makino, S. and Isobe, T. (2010) 'Does subnational region matter? Foreign affiliate performance in the United States and China', *Strategic Management Journal*, 31(11): 1226–1243.

Chang, S-J. and Rosenzweig, P.M. (2001) 'The choice of entry mode in sequential foreign direct investment', *Strategic Management Journal*, 22(8): 747–776.

Cyert, R. M. and March, J. G. (1963) *A Behavioral Theory of the Firm*, Prentice-Hall. (松田武彦・井上恒夫訳『企業の行動理論』ダイヤモンド社, 1967 年)

DiMaggio, P. J. and Powell, W. W. (1983), 'The iron cage revisited: Institutional isomorphism and collective rationality in organizational fields', *American Sociological Review*, 48(2): 147–160.

Ghemawat, P. (2001) 'Distance still matters: The hard reality of global expansion', *Harvard Business Review*, Sep: 137–148. (「海外市場のポートフォリオ分析」『DHB』, 2002 年 1 月号, 143–154)

Gimeno, J., Hoskisson,R.E., Beal, B.D. and Wan, W P. (2005) 'Explaining the clustering of international expansion moves: A critical test in the U.S. telecommunications industry', *Academy of Management Journal*, 48(2): 297–319.

Goerzen, A. and Makino, S. (2007) 'Multinational corporation internationalization in the service sector: a study of Japanese trading companies',

*Journal of International Business Studies*, 38(7): 1149–1169.

Guillén M. F. (2002) 'Structural inertia, imitation, and foreign expansion: South Korean firms and business groups in China, 1987-95', *Academy of Management Journal*, 45(3): 509–525.

長谷川信次 (1997) (1996) 「日本企業のグローバル化の新しい動向」『世界経済評論』第 40 巻第 12 号, 34–46.

Haunschild, P. R. and Miner, A. S. (1997) 'Modes of interorganizatinal imitation: the effects of outcome salience and uncertainty', *Administrative Science Quarterly*, 42(3): 472–500.

Hausman, J. A. and McFadden, D. (1984) 'Specification Tests for the Multinomial Logit Model', *Econometrica*, 52(5): 1291–1240.

林正 (2012) 「産業集積と海外製造拠点の立地選択―日本自動車部品企業の対中投資に関する実証分析―」『商学論集』第 81 巻第 1 号, 23–43.

Henisz, W. J. and Delios, A. (2001) 'Uncertainty, imitation, and plant location: Japanese multinational corporations, 1990-1996', *Administrative Science Quarterly*, 46(3): 443–475.

Hoetker, G. (2007) 'The use of logit and probit models in strategic management research: Critical issues', *Strategic Management Journal*, 28(4): 331–343.

Hymer, S. (1960) *The International Operations of National Firms: A Study of Direct Investment*, Cambridge, MA: MIT Press.

Johanson, J. and Vahlne, J.-E. (2009) 'The Uppsala internationalization process model revisited: From liability of foreignness to liability outsidership', *Journal of International Business Studies*, 40(9): 1411–1431.

Khannna, T. and Palepu, K. (1997) 'Why Focused Strategies May Be Wrong for Emerging Markets', *Harvard Business Review*, July – August: 40–51.

Kogut, B. and Singh, H. (1988) 'The effect of national culture on the choice of entry mode', *Journal of International Business Studies*, 19(3): 411–432.

Kostova, T. and Zaheer, S. (1999) 'Organizational legitimacy under conditions of complexity: The case of the multinational enterprise', *Academy of Management Review*, 24(1): 64–81.

Lamin, A. and Livanis, G. (2013) 'Agglomeration, catch-up and the liability of foreignness in emerging economies', *Journal of International Business Studies*, 44(6): 579–606.

Li, J. T. (1995) 'Foreign entry and survival: Effects of strategic choices on performance in international markets', *Strategic Management Journal*, 16(5): 333–351.

Lieberman, M. B. and Asaba, S. (2006) 'Why Do Firms Imitate Each Other?', *Academy of Management Review*, 31(2): 366–385.

Shaver, J. M. and Flyer, F. (2000) 'Agglomeration economies, firm heterogeneity, and foreign direct investment in the United States,' *Strategic Management Journal*, 21(12): 1175–1193, 2000.

Shaver, J. M., Mitchell, W. and B. Yeung (1997) 'The effect of own-firm and other-firm experience on foreign direct investment survival in the United States, 1987-92', *Strategic Management Journal*, 18(10): 811–824.

Suchman, M. C. (1995) 'Managing legitimacy: Strategic and institutional approaches', *Academy of Management Review*, 20(3): 571–610.

竹之内秀行・齋藤泰浩 (2017)「自動車部品メーカーの対中進出と相互依存的立地選択行動」『多国籍企業研究』第 10 巻, 1–20.

Tan, D. and Meyer, K.E. (2011) 'Country-of-origin and industry FDI agglomeration of foreign investments in an emerging economy', *Journal of International Business Studies*, 42(4): 504–520.

Tolbert P. S. and Zucker, L. G. (1983) 'Institutional sources of change in the formal structure of organizations: The diffusion of civil service reform, 1880-1935', *Administrative Science Quarterly*, 28(1): 22–39.

吉原英樹 (2015)「消えていった日本的特徴—国際経営 45 年をふりかえる—」『青山経営論集』第 50 巻第 2 号, 160–170.

Zaheer, S. (1995) 'Overcoming the liability of foreignness', *Academy of Management Journal*, 38(2): 341–363.

Zaheer, S., Schomaker, M. and Nachum, L. (2012) 'Distance without direction: Restoring credibility to a much-loved construct', *Journal of International Business Studies*, 43(1): 18–27.

# 戦略的転換・組織変革研究における
# モメンタム仮説とディセラレーション仮説

小沢　和彦

(早稲田大学商学学術院講師)

---

**キーワード**　モメンタム，ディセラレーション，戦略的転換，組織変革，環境変化

---

## 1．はじめに

　環境変化にいかに組織が対処するかは経営戦略論と経営組織論の重要なテーマであり，これまで戦略的転換（strategic change）研究及び組織変革（organizational change）研究において検討されてきた。実務的にも環境変化に対処できるか否かは重要なテーマであり，実務家からも多くの関心が寄せられてきた。そして，戦略的転換と組織変革の双方の研究で注目を集めてきたのが，ある組織の「過去に戦略的転換や組織変革を行ったという経験」がその組織の「将来の活動」に影響を与える点である（Amburgey, Kelly, and Barnett, 1993；Amburgey and Miner, 1992；Beck, Brüderl, and Woywode, 2008；Kelly and Amburgey, 1991）。

　既存研究の支配的な考え方としては（Beck et al., 2008；Turner, Mitchell, and Bettis, 2013），組織は過去に行った戦略的転換と同様の戦略的転換を将来も繰り返す，あるいは過去に行っ

た組織変革と同様の組織変革を将来も繰り返すという主張である。これらの研究によると，たとえば過去にポートフォリオの変更を行ってきた組織は将来もポートフォリオの変更を行うと推測される。本研究では既存研究にならいこの主張を「モメンタム仮説」と呼ぶが（Beck et al., 2008），これについては複数の実証研究において支持されている（Amburgey et al., 1993；Delacroix and Swaminathan, 1991；Kelly and Amburgey, 1991；Stoeberl, Parker, and Joo, 1998）。

　しかし比較的近年の研究では，この支配的な考え方に対して相反する主張が展開されている。つまり，組織は過去に行った戦略的転換（あるいは組織変革）と同様の戦略的転換（あるいは組織変革）を将来あまり行わない傾向があることが主張されている（Beck et al., 2008）。このような主張はモメンタムに対してディセラレーション（deceleration）と呼ば

---

(2018.11.30受付／2019.3.16受理)

れるため（Beck et al., 2008），本研究ではこれをディセラレーション仮説と呼ぶ。ディセラレーション仮説の限界点などに対しては既存研究で深く検討されていないが，モメンタム仮説と矛盾する主張を展開する点は興味深いといえる。

このように，戦略的転換・組織変革研究では異なる二つの仮説が展開されてきたが，既存研究では両仮説間の対立・矛盾が解決されていないという問題がみられる。これより本論文では，両者の主張を丹念に検討することを通して，「どのような状況でモメンタム仮説とディセラレーション仮説が成り立つかを検討することで既存研究の統合を試みる」。

本論文では第2章で戦略的転換と組織変革の概念を示した後に，第3章と第4章でモメンタム仮説とディセラレーション仮説の双方の主張について検討し，モメンタム仮説では「組織ルーティン」，ディセラレーション仮説では「満足化」がそれぞれの理論的根拠であることを示す。その後，第5章で両者の関係について環境状況などを踏まえながら検討し，第6章ではそれまでの議論を整理しつつ本論文の貢献や限界点について論じる。

## 2．戦略的転換と組織変革の概念

MarchやSimonの意思決定論（March and Simon, 1958）においても部分的に論じられているように（Van de Ven and Poole, 1995），変革は経営学の伝統的なテーマの一つといえる。その後，経営学ではコンティンジェンシー理論が注目を集めるようになり（Lawrence and Lorsch, 1967 ; Thompson, 2003），たとえばプラスティック産業などを対象としたLawrence and Lorsch（1967）の研究などが行われた。多くのコンティンジェンシー理論では有機体のメタファーで組織を捉えながらも環境状況とそれに適した組織構造の関係に関心があるため，戦略的転換や組織変革については必ず

しも主要なテーマではなかったが（大月・藤田・奥村 , 2001），変革研究で重要な外部環境と組織の関係性についてはコンティンジェンシー理論以降により認識されるようになったといえるであろう[1]。

モメンタム仮説とディセラレーション仮説は，戦略的転換と組織変革の双方を対象とする形で展開されてきた。しかし本章で戦略的転換と組織変革の全ての議論をレビューするのは困難であり，本研究の主たる目的とも異なる。そのため，ここではモメンタム仮説とディセラレーション仮説を論じる際に必要な範囲内で両者の概念について説明したい。

既存研究において，組織が機会や脅威を見極めてその都度戦略を転換する必要性は多く論じられてきた（Gioia and Chittipeddi, 1991）。著名な研究といえるRajagoplan and Spreitzcr（1997：49）やGioia et al.（1994：364）を踏まえると，戦略的転換は企業の事業範囲の変更や資源配分の変更と関連深い。事業範囲の変更はたとえば買収などに基づく新市場への進出や，既存事業からの撤退を意味する。このような事業範囲の変更により，たとえば人的資源をある事業から別の事業に配置転換することもあるであろう。本論文では戦略的転換を主体的な経営戦略の変更と広く定義するが，その意味する内容は既存研究のように事業範囲の変更や資源配分の変更であり，たとえば富士フィルムによる化粧品業界への進出が例として挙げられる。

組織変革概念についてもその定義は必ずしも定まっていないが，著名な研究者であるVan de VenとPooleによると，「時間の経過とともに，組織の形態，質，状態」が変化することと広く定義される（Van de Ven and Poole, 1995：512）。さらに，大月（2005：6）は組織変革を「組織の主体者（経営主体）が，環境の変化がもたらす複雑性の中で行う組織の存続を確保する活動」と定義している。両者がやや広く定義を行っていることも踏まえ，本論文では組

織変革を主体的な組織の変更と定義する。このような戦略的転換や組織変革は、ハイテク産業のように環境変化が激しい場合には必要性が増すと考えられ、反対に環境が安定している産業においては、（その他の業界と比べるならば）それほど必要性は高くないといえる。

組織変革については多くの分類がみられるが、なかでも多く論じられてきたのがラディカルとインクリメンタルの分類である（Plowman et al., 2007；Tushman and Romanelli, 1985；大月, 2005）。この分類は組織がどの程度変革するかを示すが、前者は「システムの根本的な性質と状態」の変更と論じられており（Meyer, Brooks, and Goes, 1990：94）、複数の構成要素の変更がこれに該当する（Tushman and Romanelli, 1985）。たとえば、「機械的な組織構造、官僚的な文化、中央集権的なパワー配置」がみられた組織から「有機的な組織構造、イノベーティブな文化、分権的なパワーの配置」がみられる組織に変更した場合にはラディカルな組織変革と捉えられる（小沢, 2015：75）。複数の構成要素の変更の例としては、1990年前後に行われた本田技研工業の組織変革が挙げられる（亀田, 2005；本多, 2005）。それに対して、後者は「安定的なシステムの中で行われる」変更と論じられており（Meyer et al., 1990：94）、一部のマニュアルの軽微な修正やトヨタ自動車の改善活動が例として挙げられる（小沢, 2015：75）。

これら両者のどちらが有効かについては環境変化と関連深く、環境が大きく変化している場合にはラディカル、環境が小さく変化している場合あるいは安定している場合にはインクリメンタルな組織変革が求められる（Nadler and Tushman, 1995；Romanelli and Tushman, 1994；Tushman and Romanelli, 1985）。戦略的転換についても同様に考えられ、環境が大きく変化している際にはラディカルな戦略的転換が求められ、そうでない場合にはインクリメンタルな戦略的転換が求められるといえる。

上記のように、本来は戦略的転換や組織変革の程度などを明確にした上で議論を行う方が明確な議論が行える。しかしモメンタム仮説やディセラレーション仮説では、明確に区別をせずに様々な種類を一緒くたにして議論を行っている研究も多くみられる。第3章と第4章では既存のモメンタム仮説などの主張や説明論理をまず確認する必要があるため、この点については第5章で論じたい。なお、以降では冗長な表現を避けるため、特にことわりのない限り戦略的転換と組織変革の双方を「変革」と表現する。たとえばモメンタム仮説については、組織が過去に行った変革と同様の変革を将来も繰り返すこととする。

## 3. モメンタム仮説

モメンタム（反復的なモメンタム（repetitive momentum）とも呼ばれる）は、Miller and Friesen（1980）によって経営学に導入された概念といわれ（Jansen and Hofmann, 2011）、その後 Amburgey らの研究者によって用いられてきた（Amburgey and Dacin, 1994；Amburgey et al., 1993；Kelly and Amburgey, 1991）。この仮説では、過去の変革が将来のそれらの活動を少なからず制約していると仮定し（Dobrev, Kim and Carroll, 2003：265）、たとえば活動領域としてのニッチの変更をこれまで行ってきた組織は今後もその変更を行うとする。そして、この研究によると「変革の『成果』」に関わらず組織は以前行った変革を将来も繰り返すとされる（Amburgey and Miner, 1992；Schwab, 2007）。つまり変革が優れた成果をもたらす場合だけでなく、ネガティブな成果をもたらした場合も、将来に同様の変革を行う傾向があるとされる。過去の優れた業績が現在の行為を強める点については比較的論じられてきたが、ネガティブな業績がもたらされた場合にも変革を繰り返すと想定している点は興味深い。既存研究によると、変革がネガティブ

な業績をもたらした際には，変革の活動を適
切に行えなかったためにネガティブな結果に
なったと組織は解釈し，それらの活動を行う
こと自体が誤っていたとは解釈しないとされ
る。その結果，過去の変革を再度繰り返すこ
と自体は問題視されずに，後述のような理由
で将来も過去の活動が繰り返されるとしてい
る（Amburgey and Miner, 1992：336）。

　それでは，従来の研究においてどのような
根拠を基にモメンタム仮説が論じられてきた
のであろうか。モメンタム仮説の理由付けと
して多く援用されてきた概念が組織ルーティ
ンである（Amburgey et al., 1993；Amburgey
and Miner, 1992；Beck et al., 2008）。組織ルー
ティンは経営学において古くから用いられ
ている概念の一つであり（Cyert and March,
1963；Nelson and Winter, 1982），多くの場合
に行為などの「パターン」あるいは「反復
的」な側面が注目される（Becker, 2004）。こ
れらに加え，本論文ではいくつかの研究を参
考に（たとえば，Feldman and Pentland, 2003；
Nelson and Winter, 1982），組織ルーティンを
「複数の行為者が関与する，反復的な行為の
パターン」と定義する。

　このような組織ルーティン概念を用い，モ
メンタム仮説については以下のように論じら
れる。過去の変革経験を通して，組織内で
は変革を行うためのルーティン，つまり変革
ルーティン（change routine）が形成される。
組織はこのルーティンを用いることによって
変革を行うことができ，組織はそれらの活動
を行うごとにこのルーティンを強化するこ
とになる（Amburgey et al., 1993；Beck et al.,
2008）。また，組織ルーティンは効率性を向上
させると論じられてきたことから，変革ルー
ティンにより効率的に変革を行うことが期待
される。

　しかし，ここで注目すべきは組織ルーティ
ンが組織慣性の源泉と論じられているように
（Becker, 2004），変革ルーティンもこれと関連

深い点である。組織慣性は組織が環境に遅れ
ること，環境にフィットできないことを説明
する際などに用いられ（Gilbert, 2005；Hannan
and Freeman, 1984；Jansen, 2004；Sull, 1999；
Weick and Quinn, 1999），「組織の現状を維持
する性質」（Schwarz, 2012：551）と定義される。
これについては静止している場合には静止し
続けること及び変革している場合にはある一
定の方向に変革し続けることの双方が含ま
れ，変革ルーティンは後者の組織慣性を強め
るとされる。このように，変革のルーティン
化が強化されると組織慣性が強まり，組織は
過去に行った変革を将来も繰り返すため，モ
メンタム仮説が成り立つといわれるのである
（Amburgey et al., 1993；Amburgey and Miner,
1992）[2]。

## 4．ディセラレーション仮説

　支配的な考え方であったモメンタム仮説に
対して登場したのが Beck らによるディセラ
レーション仮説であるが（Beck et al., 2008），
この研究によると，モメンタム仮説は変革が
問題解決を目的にして行われる視点が欠けて
いるとされる。そして，もし問題解決が行え
ていれば，更なる変革の必要性は減少すると
主張する（Beck et al., 2008：416）。Beck らは
彼らの主張を展開するために企業の行動理
論・意思決定論における満足化の議論を用い
るが，モメンタム仮説も概して組織ルーティ
ンなどのこれらの理論と関連深い考えをベー
スにしている点が興味深いとも述べる（Beck
et al., 2008：416）。

　企業の行動理論（たとえば，Cyert and March,
1963；Greve, 2003）や意思決定論（March and
Simon, 1958）は，希求水準（aspiration level）に
注目しながら変革についても論じている。彼
らの研究によると，変革をもたらす原因とし
ては，基本的に組織の業績が希求水準を下回
ることによる現状への「不満足」が想定され

ている。たとえば，環境の変化によって市場占有率などが低下する場合がある。March and Simon（1958）によると，これらの業績の低下が既存の組織に対する不満足をもたらす場合があるとし，このような現状への不満足が変革をもたらす傾向があると想定している。このように，現状への不満足つまり希求水準と達成水準の差（乖離）が変革の基本的な原因とこれらの理論では考えられている（March and Simon, 1958：182-183）。

この議論を拠り所として Beck らは，変革が行われるのは組織が現状に満足していない状況という前提を置く。その上で彼らは，（前章で論じた）変革ルーティン（change routine）を通して組織が変革を行うことにより，変革ルーティン自体の「機能が向上」すると主張する。そして，機能が向上したこのルーティンを用いて変革を行うことで，それらの成果が安定するようになり，組織が業績に満足する可能性が高くなるとしている。つまり業績に対して不満足を持つ可能性が低くなり，組織は将来に変革を行う可能性が低下すると説明する。もちろん Beck らも全ての変革が満足する結果をもたらすとは考えていない。しかし，そのようなある種の失敗経験も変革ルーティンの機能の向上につながり，結果的に変革の成果の向上をもたらすと考えているのである（Beck et al., 2008：416-417）。このようなディセラレーション仮説はモメンタム仮説と同様に変革ルーティンについて論じているが，前者はルーティン化による「組織慣性」を強調しているのに対し，後者は組織慣性についてはあまり論じず，変革ルーティンの機能の向上による「満足化」を理論的根拠としている点が両者の違いといえるであろう。また Beck らは，過去の変革の経験を通して組織はどのように環境に注意を傾けるか，あるいは環境のどこに注目して情報収集をすればよいかなどを学び，それが将来の変革に寄与するとも主張する（Beck et al., 2008：416-417）。

以上のように，変革ルーティンを用いての変革が満足する結果をもたらすといった，過去の変革の「成果」が将来の活動に影響を与える点を考慮したことは評価されるべきであろう。つまり，モメンタム仮説は基本的には過去の変革の「頻度（回数）」に過度に注目し，それらの成果についてはあまり検討してこなかった（Amburgey and Miner, 1992；Schwab, 2007）。しかし，その仮定に対して企業の行動理論・意思決定論の観点から Beck らが一石を投じた点は興味深い。もちろん，組織の成果が将来の活動に与える影響については，これまでも企業の行動理論の観点から多く研究されているが（詳細については Gavetti et al., 2012 などを参照），Beck et al.（2008）の研究では「過去の『変革の成果』（の経験）」に言及し，それが将来の変革に与える影響の重要性を示唆しているといえる。Beck et al.（2008）の研究においては，変革の成果が将来のそれらの活動に与える影響を直接調査したわけではないが，今後はそれらの影響を直接調査することによって，モメンタム仮説及びディセラレーション仮説をさらに発展させられるであろう。

しかし，組織を取り巻く外部環境の観点から，Beck et al.（2008）の主張の問題点も指摘できる。果たして環境変化が激しい場合においても，過去の変革の経験によって形成された変革ルーティンが必ず変革の成果に寄与し，組織が満足する状態になるといえるのであろうか。たしかに，環境がある程度安定しており不確実性が低い場合であれば，変革ルーティンの機能を向上させ，環境に適応することができるであろう。しかし，激変する環境においては，過去の経験から形成された変革ルーティンが必ずしも組織を取り巻く環境にフィットしていない可能性があり，その結果として組織が不満を持つ可能性は高まる。

企業の行動理論は問題解決型の変革を想定しているため，Beck et al.（2008）は変革ルーティンが問題の解決に寄与し，組織が現状に満足する可能性が高まるとしている。しかしながらハイテク産業のような激変する環境状況では，問題が一定でなくそれが随時変化することから，過去の経験から形成された変革ルーティンが問題解決に寄与するとは限らず，不満を持つ可能性は高まる。反対に，規制緩和が行われる以前（特に震災以前）の電力業界などは環境が安定しており不確実性も比較的低かったため，Beck らの主張は成り立つ可能性が高い。このように激変する環境下では Beck らの満足化の議論は必ずしも成り立たないことから，環境状況はディセラレーション仮説の成立に影響を与えるといえるであろう。

## 5. モメンタム仮説とディセラレーション仮説の成立状況の検討

このように異なる二つの仮説が既存研究では提示されているが，本章では両仮説がどのような状況で成立するかの検討を行う。前章で論じたように環境変化（環境状況）がディセラレーション仮説などに影響を与えるため，以下では環境状況をいくつかに場合分けして考察を進めたい。その際には，環境によって適した変革のタイプが異なるため（Nadler and Tushman, 1995；Romanelli and Tushman, 1994；Tushman and Romanelli, 1985；大月，2005），ラディカルとインクリメンタルのどちらの変革を想定するかについても明確にしながら議論を進める。

考察を進めるための第一歩として，まず環境が安定している状況について整理したい。比較的環境が安定している状況では，経営学でインクリメンタルな変革が古くから論じられ（March and Simon, 1958），その変革が求められると想定されてきた（Nadler and Tushman, 1995；

Romanelli and Tushman, 1994；Tushman and Romanelli, 1985）。よって環境が安定している状況では，インクリメンタルな変革を過去に多く行っていた組織が考えられる。そのような状況で，変革の「ルーティン化」が進み組織慣性が強い場合にはモメンタム仮説，そして組織が現状に「満足」している場合にはディセラレーション仮説が有効なため，ルーティン化が進んでおらずかつ組織が現状に満足している場合にはディセラレーション仮説が成り立つ。反対に，ルーティン化が進んでおり（組織慣性が強く）かつ満足していない場合にはモメンタム仮説が成り立つ。しかし，ルーティン化が進んでおり組織慣性が強く，かつ組織が現状に満足している場合には，両者が組織に与える影響の度合い次第であり，仮に前者が強ければモメンタム仮説，逆の場合にはディセラレーション仮説が成り立つといえる。

次に，既存研究では環境が変化している状況については，環境が安定状況から激変状況に移行した場合，そして激変状況から安定状況に移行した場合の二つが想定されてきたため（Nadler and Tushman, 1995；Romanelli and Tushman, 1994；Tushman and Romanelli, 1985），以下ではこの二つの環境変化について検討する。そして，このような環境変化の下では事前に予測できない限り組織が現状に満足できる可能性は低いため，組織ルーティンと満足化の二つの理論的根拠の中の前者に注目して考察を行う。これより「安定状況から激変状況への環境変化」と「激変状況から安定状況への環境変化」という二つの環境変化の下で，「変革のルーティン化が進んでいる場合」と「進んでいない場合」の二つを想定し，両仮説の成立条件を検討する。

### 5-1. 安定状況から激変状況への環境変化

既存研究を踏まえると，環境変化がみられる以前の安定している場合には比較的イン

クリメンタルな変革を過去に多く行っている組織が考えられる（Burke, 2014；Nadler and Tushman, 1995；Tushman and Romanelli, 1985）。

このような状況で変革のルーティン化が進んでいる場合，断続的均衡モデルを参考にするならば（Tushman and Romanelli, 1985），以下のように説明できる。まず組織慣性が強いことから組織は現状を維持し（Schwarz, 2012；Sull, 1999），環境変化に直面しつつもインクリメンタルな変革をある程度繰り返す傾向がみられる（Gersick, 1991）。つまり環境が移行した直後も，モメンタム仮説が示す状態が比較的みられるといえる。しかし激変状況では本来ラディカルな変革が求められるため，インクリメンタルな変革は不適合になりやすく，その後は業績の悪化によって不満足に陥りやすい（Romanelli and Tushman, 1994；Tushman and Romanelli, 1985）。そしてそれがインクリメンタルな変革ルーティンの変更を促し，組織慣性を弱める結果，ラディカルな変革をもたらす傾向がある（Romanelli and Tushman, 1994；Tushman and Romanelli, 1985）。以上のように変革のルーティン化が進んでいる場合，環境が変化した直後も一時的にモメンタム仮説が示す状態がみられるが，その後はこの仮説と異なる状態がみられると考えられる。

それでは，変革のルーティン化が進んでいない場合ではどのようになるのであろうか。ルーティン化が進んでいる状況と比べるならば，組織慣性が弱いことからインクリメンタルな変革を行い続ける可能性は低く（Gersick, 1991），モメンタム仮説が示す状況はみられにくい。そして，激変状況ではラディカルな変革が必要とされるため，不満足などによって，その変革を行う可能性があるといえる。

## 5-2. 激変状況から安定状況への環境変化

既存研究を踏まえると，環境変化がみられる以前の激変状況では比較的ラディカルな変革を過去に多く行っている組織が考えられる（Burke, 2014；Nadler and Tushman, 1995）。

この変革のルーティン化が進んでいる場合，組織慣性が強いことから現状を維持し（Schwarz, 2012），環境変化に直面しつつも過去に行っていたラディカルな変革を引き続き行う傾向がある。つまり環境が移行した直後も，モメンタム仮説が示す状態がみられやすい。しかし，安定状況では本来ラディカルな変革は求められておらず，この変革は不適合になりやすいために（Gersick, 1991；Nadler and Tushman, 1995），その後は業績の悪化によって不満足に陥りやすい（Romanelli and Tushman, 1994）。そして，それがラディカルな変革ルーティンの変更を促し，組織慣性は弱まると考えられる。

組織慣性が弱まった後に，激変状況でラディカルな変革を行えていた組織は，状況変化に早期に対応しようと情報収集を試みる（Beck et al., 2008）。そのため安定状況ではラディカルな変革が適合しないことを認識でき，比較的すぐにラディカルな変革を行わない傾向がみられる。つまりディセラレーション仮説が主張するように，過去の変革の経験は環境への情報収集能力に寄与するが（Beck et al., 2008），安定状況にいた組織と比較すると，激変状況にいた組織はより状況変化に対応する必要性が高いために情報収集能力が相対的に向上する。そのため，激変状況から安定状況に環境が変化したことを認識でき，（過去に行っていた）ラディカルな変革を行わなくなるというディセラレーション仮説が示す状態がみられる。以上のように変革のルーティン化が進んでいる場合，環境が変化した直後は一時的にモメンタム仮説が示す状態がみられるが，その後はディセラレーション仮説が示す状態がみられるといえる。

一方で変革のルーティン化が進んでいない場合，組織慣性が弱いことからモメンタム仮説が示す状況はみられにくい。しかし上記と

同様に，激変状況でラディカルな変革を行えていた組織は，状況変化に早期に対応しようと比較的情報収集を行える（Beck et al., 2008）。そのため，安定状況でラディカルな変革が必要とされていないことを踏まえ，（過去に行っていた）ラディカルな変革を比較的すぐに行わなくなると考えられる。つまり，変革のルーティン化が進んでいない場合もディセラレーション仮説が示す状態がみられるといえる。

## 5-3. モメンタム仮説とディセラレーション仮説の成立状況と今後の研究課題

環境変化がみられる状況について，環境変化のタイプ，過去に行われていた変革のタイプ，変革のルーティン化に注目しつつ，上記の議論を要約したのが表1である。表1では，モメンタム仮説とディセラレーション仮説がそれぞれどのような状況で成立するかを示している。つまり，二つの仮説の片方が成り立ちえる状況，両仮説が順に成り立ちえる状況，両仮説とも成り立ちにくい状況を示している。

ここで興味深い点は，両仮説は対立する仮説として既存研究では提示されてきたが（Beck et al., 2008；Kelly and Amburgey, 1991），激変状況から安定状況へ環境が変化した場合には，モメンタムの後にディセラレーションというように二つの仮説が同じ組織で時間を経てみられる可能性を示した点である。このような主張を踏まえると，より分析の時間軸を拡張した場合には更なる仮説のパターンがみられる可能性がある。また，ディセラレーション仮説の後にモメンタム仮説がみられるという逆のパターンも考えられるため，今後の研究では両仮説の組み合わせとしてどのようなパターンがありえるのか，成立するならばそれはどのような状況なのかを検討することができるであろう。

最後に，これまでは両仮説の成立状況の検討に基本的に注目してきたため，あえて両仮説の問題点についてはあまり検討しないようにしてきたが，本節ではこれらの研究課題についても補足したい。

従来のモメンタム仮説に関する実証研究は，基本的に過去に変革を行ったか否かという「過去の変革」という変数に注目してきたが，これについては以下のような問題がみられる。たとえば危機に瀕している組織が業績を回復させるという意図の基で変革を行うように，実際の組織においては変革を行う際に背後に何かしらの意図があり，変革を行うこと自体は多くの場合に目的ではない。よって，仮に過去に変革を行ってきた組織でも，今後に変革ルーティンを形成するか，そしてそのルーティンを用いて変革を行うか否かは，各組織の意図にある程度依存するといえる。しかし既存の実証研究では，過去に変革を行っている組織は「変革ルーティン」を形成するという仮定を置き[3]，「過去の変革」の変数のみを観察してそれを数値化している。そのため，背後にある組織の意図まで考慮しておらず，表面的な分析にとどまっているという問題がみられる。戦略的転換研究や組織変革研究の更なる発展，そしてモメンタム仮説とディセラレーション仮説の更なる精緻化を試みるのであれば，今後の研究では過去の変革の変数のみを観察するだけでなく，その背後にある意図を考慮した研究が求められるであろう。

次に，ディセラレーション仮説の理論的な問題点について補足したい。過去の変革が変革ルーティンの機能の向上につながることをディセラレーション仮説では想定している。より正確にいうならば，全ての変革が変革ルーティンの機能の向上につながる訳ではないが，多くの場合に過去に変革を行ったという経験が機能の向上につながると想定している（Beck et al., 2008：416-417）。しかしこの議論では，なぜ多くの場合に過去の変革の「頻

▶戦略的転換・組織変革研究におけるモメンタム仮説とディセラレーション仮説

度」が変革ルーティンの機能の向上に寄与するかの明確な根拠づけ・説明論理を提示できていないという問題がみられる。よって，今後ディセラレーション仮説を精緻化するためには，この点についての根拠づけ・説明論理の提示が求められるであろう[4]。

## 6．おわりに

本論文では戦略的転換や組織変革研究におけるモメンタムとディセラレーションという二つの仮説に注目した。過去の組織変革あるいは戦略的転換の経験に注目する視点は既存研究の中でも特徴的で，両仮説は更なる発展の余地がある。しかし既存研究では，両仮説の矛盾が解決されていないという問題がみられた。そのため本論文では，どのような状況で異なる二つの仮説が成立するかを検討することで，既存研究の統合を試みたのである。

具体的には，両仮説の議論を丹念に検討した後に，環境が変化していない状況と環境が変化している状況において，二つの仮説の成

表1：モメンタム仮説とディセラレーション仮説の成立状況

| 環境変化／過去に行われていた変革のタイプ | 変革のルーティン化が進んでいる場合 | 変革のルーティン化が進んでいない場合 |
|---|---|---|
| ・ 環境変化：安定状況から激変状況へ ・ 過去に行われていた変革のタイプ：インクリメンタルな変革 | <u>モメンタム仮説が成り立ちえる</u><br>□ ルーティン化が進んでいるため組織慣性が強く，環境が移行した直後も，インクリメンタルな変革が促される。結果，モメンタム仮説が示す状態がみられる。<br>□ しかし，インクリメンタルな変革は激変状況と不適合になりやすいため，業績悪化により不満足に陥りやすい。それがインクリメンタル変革のルーティン変更を促し，組織慣性は弱まる傾向。<br>□ 激変状況ではラディカルな変革が必要とされるため，モメンタム仮説とは異なり，ラディカルな変革という過去と異なる変革が促される。 | <u>モメンタム／ディセラレーション仮説は成り立ちにくい</u><br>□ ルーティン化が進んでいないため組織慣性が弱い。<br>□ 激変状況ではラディカルな変革が必要とされるため，不満足などによって，その変革を行う可能性がある。 |
| ・ 環境変化：激変状況から安定状況へ ・ 過去に行われていた変革のタイプ：ラディカルな変革 | <u>モメンタム仮説の後に，ディセラレーション仮説が成り立ちえる</u><br>□ ルーティン化が進んでいるため組織慣性が強く，環境が移行した直後も，ラディカルな変革が促される。結果，モメンタム仮説が示す状態がみられる。<br>□ しかし，ラディカルな変革は安定状況と不適合になりやすいため，業績悪化により不満足に陥りやすい。それがラディカル変革のルーティン変更を促し，組織慣性は弱まる傾向。<br>□ 安定状況ではラディカルな変革は必要とされにくい。激変状況でラディカルな変革を行えていた組織は，状況変化に早期に対応しようと情報収集を行っているため，比較的すぐにラディカルな変革を行わなくなる。結果，ディセラレーション仮説が示す状態がみられる。 | <u>ディセラレーション仮説が成り立ちえる</u><br>□ ルーティン化が進んでいないため組織慣性が弱い。<br>□ 安定状況ではラディカルな変革は必要とされにくい。激変状況でラディカルな変革を行えていた組織は，状況変化に早期に対応しようと情報収集を行っているため，比較的すぐにラディカルな変革を行わなくなる。結果，ディセラレーション仮説が示す状態がみられる。 |

立条件を検討した。後者については，環境変化のタイプ，過去に行われていた変革のタイプ，変革のルーティン化に注目して既存研究の検討を行った。そして，モメンタム仮説とディセラレーション仮説の片方が成り立ちえる状況，両仮説が順に成り立ちえる状況，両仮説とも成り立ちにくい状況に分類できることを示した。もちろんその他の分類方法も考えられるが，本論文では全ての分類を網羅的に検討することを目的としていない。本論文では異なる二つの仮説の統合に注目し，戦略的転換や組織変革の既存研究の知見を一歩進めることを試みたのである。

　最後に本論文の限界点について論じたい。第1に，本論文では「過去の変革の経験」に焦点を絞った点である。戦略的転換や組織変革については，この要因に加えて多くの要因が影響を与えると考えられるため，今後は考慮する要因を増やすことにより，より理論的及び実務的に有用な議論ができると思われる。第2に，本論文では実証研究を行っていない点である。つまり理論と実証の双方の研究が行われることにより経営学を発展させることができるが，本論文では前者に主に焦点をあてている。しかし本論文の見解では，既存のモメンタム仮説やディセラレーション仮説では，理論的検討が深く行われないまま実証研究が多く行われてきたという問題がみられる。その点で本論文は，これまで不足していた理論的検討を行うことにより，既存研究に貢献することを試みたといえる。とはいえ，今後は上記で指摘した点を踏まえての実証研究が期待される。

　[謝辞]　本稿は，科学研究費若手研究（B）（課題番号：17K13794）及び早稲田大学特定課題研究（課題番号：2018K-166）の助成を受けて行った研究成果の一部です。藤田誠教授をはじめとした早稲田大学の先生方，渡部直樹名誉教授をはじめとした慶應義塾大学の先生方に心より御礼申し上げます。ただし，

本稿の誤り・不備の責任は筆者に帰するものです。

【注】

（1）　なお，戦略的転換や組織変革の研究も部分的にコンティンジェンシー理論の影響を受けている。たとえば後者の代表的な研究である Tushman らの断続的均衡モデルの議論は，ポピュレーション・エコロジー（Hannan and Freeman, 1977）などいくつかの議論を統合し（Tushman and Romanelli, 1985：172-173），コンティンジェンシー理論の影響も受けていると位置づけられる（Greenwood and Hinings, 2006：824）。

（2）　これらの議論はコンピテンシートラップの議論と関連深い。また，モメンタム仮説によると組織は変革を行うこと自体を単純に目的化してしまう訳ではなく，むしろ直面している知覚した問題に対応するためにそれらの活動を意図して行っているとされる。これは，ある特定の変革を過去に行った組織はそれらの活動を多くの問題の解決策として過度に評価してしまい（つまりそれが環境変化に対する適切な反応と捉えてしまい），仮に適切でない場合にもそれらの活動を行ってしまうことを意味する。これは，変革のルーティン化が進むことによって，それらの活動を行うための追加的なコストが低下することとも関連深い。その際には，他の選択肢が長期的には好ましいような場合においても，過去の活動を繰り返してしまうといわれる（Amburgey and Miner, 1992：336）。

（3）　モメンタム仮説では，変革ルーティンを用いて変革を行うと想定されるが，変革ルーティン自体は安定的で変化しにくいと仮定されてきた。たしかに，従来の組織ルーティンの議論においても同様の見解が一般的であったが（Hannan and Freeman, 1984；Nelson and Winter, 1982），その後このような仮定に異を唱える研究がみられるようになった。ルーティン・ダイナミクス研究によると，組織ルーティンは従来考えられてきたような安定的なものでなく，それ自体が柔軟と捉えられ，組織の柔軟性の源泉にもなりえると論じられている（Feldman, 2000；Feldman and Pentland, 2003）。また，行為者はルーティン化されたタスクを無意識に遂行する存在ではなく，環境変化がみられた場合にのみ変革を行う存在でもないとされる。そして環境変化がみられない場合も，既存

の組織ルーティンに更なる修正の余地があると行為者が認識した際に，行為者は組織ルーティンを変革すると捉えられている（Feldman, 2000）。たとえば，店舗でマニュアル化された作業を行っている中で，行為者が修正の余地を発見して改善することなどは，この一例として挙げられるであろう。このような議論を踏まえるならば，モメンタム仮説はやや古典的な仮定を置いており，その仮定から導かれた結論も検討の余地があるといえる。つまり，変革ルーティン自体も安定しておらず柔軟な可能性があるため，今後の研究ではそのような状況でモメンタム仮説が成り立つかの検討が必要であろう。

（4）また，これまでの既存研究は多くの場合に組織レベルに注目して議論を行ってきたが，戦略的転換や組織変革の既存研究を踏まえるとトップ層あるいはリーダーがこれらに大きな影響を与えるといえる（たとえば，Kotter, 1996）。つまりモメンタム仮説などでは過去の変革経験が将来の変革に影響を与えるといわれるが，実際の現象を踏まえるとトップマネジメントチーム及びリーダーなどの意思決定の影響も大きい。そのため，組織の過去の経験を踏まえて彼らがどのような意思決定・活動を行うかについては今後の研究課題になりえるであろう。

## 【参考文献】

Amburgey, T. L. and T. Dacin (1994) As the Left Foot Follows the Right? The Dynamics of Strategic and Structural Change, *Academy of Management Journal*, 37(6): 1427–1452.

———, D. Kelly, and W. P. Barnett (1993) Resetting the Clock: The Dynamics of Organizational Change and Failure, *Administrative Science Quarterly*, 38(1): 51–73.

——— and A. S. Miner (1992) Strategic Momentum: The Effects of Repetitive, Positional, and Contextual Momentum on Merger Activity, *Strategic Management Journal*, 13(5): 335–348.

Beck, N., J. Brüderl, and M. Woywode (2008) Momentum or Deceleration? Theoretical and Methodological Reflections on the Analysis of Organizational Change, *Academy of Management Journal*, 51(3): 413–435.

Becker, M. C. (2004) Organizational Routines: A Review

of the Literature, *Industrial and Corporate Change*, 13(4): 643–677.

Burke, W. W. (2014) *Organization Change: Theory and Practice*, Forth Edition, Los Angeles: Sage.

Cyert, R. M. and J. G. March (1963) *A Behavioral Theory of the Firm*, New Jersey: Prentice-Hall.

Delacroix, J. and A. Swaminathan (1991) Cosmetic, Speculative, and Adaptive Organizational Change in the Wine Industry: A Longitudinal Study, *Administrative Science Quarterly*, 36(4): 631–661.

Dobrev, S. D., T. Y. Kim, and G. R. Carroll (2003) Shifting Gears, Shifting Niches: Organizational Inertia and Change in the Evolution of the US Automobile Industry, 1885-1981, *Organization Science*, 14(3): 64–82.

Feldman, M. S. (2000) Organizational Routines as a Source of Continuous Change, *Organization Science*, 11(6): 611–629.

——— and B. T. Pentland (2003) Reconceptualizing Organizational Routines as a Source of Flexibility and Change, *Administrative Science Quarterly*, 48(1): 94–118.

Gavetti, G., H. R. Greve, D. A. Levinthal, and W. Ocasio (2012) The Behavioral Theory of the Firm: Assessment and Prospects, *Academy of Management Annals*, 6(1): 1–40.

Gersick, C. J. (1991) Revolutionary Change Theories: A Multilevel Exploration of the Punctuated Equilibrium Paradigm, *Academy of Management Review*, 16(1): 10–36.

Gilbert, C. G. (2005) Unbundling the Structure of Inertia: Resource Versus Routine Rigidity, *Academy of Management Journal*, 48(5): 741–763.

Gioia, D. A. and K. Chittipeddi (1991) Sensemaking and Sensegiving in Strategic Change Initiation, *Strategic Management Journal*, 12(6): 433–448.

Gioia, D. A., J. B. Thomas, S. M. Clark, and K. Chittipeddi (1994) Symbolism and Strategic Change in Academia: The Dynamics of Sensemaking and Influence, *Organization Science*, 5(3): 363–383.

Greenwood, R. and C. R. Hinings (2006) Radical Organizational Change, In Clegg, S. R., C. Hardy, T. B. Lawrence, and W. R. Nord (Eds.), *The Sage Handbook of Organization Studies* (Second ed.),

814–842, London, Thousand Oaks: Sage.

Greve, H. R.（2003）*Organizational Learning from Performance Feedback: A Behavioral Perspective on Innovation and Change*, Cambridge: Cambridge University Press.

Hannan, M. T. and J. Freeman（1977）The Population Ecology of Organizations, *American Journal of Sociology*, 82（5）: 929-964.

—— and J. Freeman（1984）Structural Inertia and Organizational Change, *American Sociological Review*, 49（2）: 149-164.

Jansen, K. J.（2004）From Persistence to Pursuit: A Longitudinal Examination of Momentum during the Early Stage of Strategic Change, *Organization Science*, 15（3）: 276-294.

—— and D. A. Hofmann（2011）Mapping Momentum Fluctuations during Organizational Change: A Multistudy Validation, In Shani, A. B., R. W. Woodman, and W. A. Pasmore（Eds.）, *Research in Organizational Change and Development*, 19: 276-294, Bingley: Emerald Group Publishing Limited.

Kelly, D. and T. L. Amburgey（1991）Organizational Inertia and Momentum: A Dynamic Model of Strategic Change, *Academy of Management Journal*, 34（3）: 591-612.

Kotter, J. P.（1996）*Leading Change*, Boston, MA: Harvard Business School Press.

Lawrence, P. R. and J. W. Lorsch（1967）*Organization and Environment: Managing Differentiation and Integration*, Cambridge, MA: Harvard University Press.（吉田博訳『組織の条件適応理論』産業能率大学出版部，1977 年）

March, J. G. and H. A. Simon（1958）*Organizations*, New York: John Wiley and Sons.

Miller, D. and P. H. Friesen（1980）Momentum and Revolution in Organizational Adaptation, *Academy of Management Journal*, 23（4）: 591-614.

Meyer, A. D., G. R. Brooks, and J. B. Goes（1990）Environmental Jolts and Industry Revolutions: Organizational Responses to Discontinuous Change, *Strategic Management Journal*, 11: 93-110.

Nadler, D. A. and M. L. Tushman（1995）Types of Organizational Change: From Incremental Improvement to Discontinuous Transformation, In

Nadler, D. A., R. B. Shaw, and A. E. Walton（Eds.）, *Discontinuous Change: Leading Organizational Transformation*, 15-34, San Francisco: Jossey-Bass.

Nelson, R. R. and S. G. Winter（1982）*An Evolutionary Theory of Economic Change*, Cambridge, MA: Harvard University Press.

Plowman, D. A., L. T. Baker, T. E. Beck, M. Kulkarni, S. T. Solansky, and D. V. Travis（2007）Radical Change Accidentally: The Emergence and Amplification of Small Change, *Academy of Management Journal*, 50（3）: 515-543.

Rajagopalan, N. and G. M. Spreitzer（1997）Toward a Theory of Strategic Change: A Multi-lens Perspective and Integrative Framework, *Academy of Management Review*, 22（1）: 48-79.

Romanelli, E. and M. L. Tushman（1994）Organizational Transformation as Punctuated Equilibrium: An Empirical Test, *Academy of Management Journal*, 37（5）: 1141-1166.

Schwab, A.（2007）Incremental Organizational Learning from Multilevel Information Sources: Evidence for Cross-level Interactions, *Organization Science*, 18（2）: 233-251.

Schwarz, G. M.（2012）The Logic of Deliberate Structural Inertia, *Journal of Management*, 38（2）: 547-572.

Stoeberl, P. A., G. E. Parker, and S. J. Joo（1998）Relationship between Organizational Change and Failure in the Wine Industry: An Event History Analysis, *Journal of Management Studies*, 35（4）: 537-555.

Sull, D. N.（1999）Why Good Companies Go Bad, *Harvard Business Review*, Mar.-Apr., 77（4）: 42-52.

Thompson, J. D.（2003）*Organizations in Action: Social Science Bases of Administrative Theory*. New Brunswick Transaction Publishers.（大月博司・廣田俊郎訳『行為する組織—組織と管理の理論についての社会科学的基礎—』同文舘出版，2012 年）

Turner, S. F., W. Mitchell, and R. A. Bettis（2013）Strategic Momentum: How Experience Shapes Temporal Consistency of Ongoing Innovation, *Journal of Management*, 39（7）: 1855-1890.

Tushman, M. L. and E. Romanelli（1985）Organizational Evolution: A Metamorphosis Model of Convergence and Reorientation, In Cummings, L. L. and B. M. Staw (Eds.), *Research in Organizational Behavior*, 7: 171–222, Greenwich: JAI Press.

Van de Ven, A. H. and M. S. Poole (1995) Explaining Development and Change in Organizations, *Academy of Management Journal*, 20(3): 510–540.

Weick, K. E. and R. E. Quinn (1999) Organizational Change and Development, *Annual Reviews of Psychology*, 50: 361–386.

大月博司（2005）『組織変革とパラドックス　改訂版』同文舘出版。

大月博司・藤田誠・奥村哲史（2001）『組織のイメージと理論』創成社。

小沢和彦（2014）「組織変革における組織文化の強さの組織慣性への影響—日産自動車の事例—」『日本経営学会誌』第34号，pp. 63–74。

小沢和彦（2015）「ラディカルな組織変革研究における一考察—インクリメンタルな組織変革との関連において—」『日本経営学会誌』第36号，pp. 74–85。

小沢和彦（2018a）「ダイナミック・ケイパビリティの衰退と戦略的転換—Upper Echelons パースペクティブを踏まえて—」『経営哲学』第15巻第2号，pp. 36–46。

小沢和彦（2018b）「外部出身の経営者の就任が戦略的転換に与える影響の検討」『経営戦略研究』第18号，pp. 31–42。

亀田速穂（2005）「環境適応と組織転換」『経営研究』第56号第3号，pp. 83–102。

本多毅（2005）「組織変革の方法と課題—コンティンジェンシーからコンフィギュレーションへ—」『産業と経済』第20巻第4号，pp. 309–324。

槇谷正人（2016）『企業の持続性と組織変革』文眞堂。

# 組織風土とチームの多様性がトランザクティブ・メモリー・システムに及ぼす影響

―プレッシャーのある風土と性別多様性に着目して―

大沼 沙樹
(早稲田大学商学学術院助手)

---

**キーワード** トランザクティブ・メモリー・システム，プレッシャーのある風土，性別多様性，注意資源理論，チーム成果

---

## 1．はじめに

　昨今，技術進化や雇用の流動化のスピードが高まる中，企業や組織は変化の激しい環境に置かれ，組織メンバーの担うタスクは日々複雑になっている。もはや個人が一人で担えるタスクは量・質ともに限られるので，チームで対応することが求められる。さらに，職場は様々な経験や背景，知識を持ったメンバーで構成される。このような状況でチームの業務を達成するためには，メンバーが持つ多種多様な知識の効率的な活用が不可欠である。知識活用を促す認知的な側面に焦点を当てた概念に，トランザクティブ・メモリー・システム（transactive memory system，以下 TMS）がある（e.g., Lewis, 2003; Wegner, 1987）。

　TMS は，チームメンバーの誰が何を知っているかを知っていることに関する記憶を扱った概念である。業務を通じて他のメンバーの知識を理解し，TMS が形成されていると，適切な人物から知識を得られたり，各々のメンバーに適したタスクを分担できたりする。よって，効率的にチーム内の知識を活用できる（e.g., Lewis, 2003; Moreland, 1999）。既存研究では，TMS を促進させる様々な要因を探索し，検証してきた。たとえば，コミュニケーションの頻度（Lewis, 2004），メンバーの積極性（Pearsall & Ellis, 2006）や集団での教育（Liang, Moreland & Argote, 1995）等がある。チームで効果的に TMS を促進させる方法を知れば，よりチーム内の知識を活用できるために，促進要因の理解は重要である。

　しかし，TMS の阻害要因についてはほとんど研究がない。阻害要因の存在は，促進要因の効果を減じてしまう可能性もある。そのため，阻害要因にいかに対処できるかも TMS の促進に関わってくるだろう。くわえて，先行要因の特性を見てみると，大きく個

---

（2018.11.19受付／2019.3.16受理）

人レベル，チームレベル，組織レベルに分けられるが，組織風土をはじめとする組織レベルの特性がTMSに及ぼす影響を検証した研究はあまり見られない（Ren & Argote, 2011）。

そこで本研究では，TMSの阻害要因として負の組織風土に注目する。近年の日本企業では，働き方改革の影響から労働時間や柔軟な働き方の制度を見直す動きが増えている（独立行政法人労働政策研究・研修機構，2016; 内閣府，2015）。だが，こうした動きが見られること自体が，限られた時間で多くの仕事量をこなし，生産性を上げるようにというプレッシャーや緊張を常に感じやすい職場環境であることを示している。その中でメンバーは，チームにおける方針や手順，他のメンバーの行動に同様に従い，影響を少なからず受ける。そのため，チーム全体に風土が醸成されていき，さらに個人は影響を受けていく（Kuenzi & Schminke, 2009）。TMSも，チーム全体から影響を受けた個々のメンバーから形成される。また，組織論的な観点に立っても，チームという組織活動の中でTMSは形成される。よって，負の組織風土の影響も受けると考えられるために，企業のチームで検証することは重要であろう。特に本稿では，プレッシャーのある風土がTMSに及ぼす影響を検討する。

さらに，TMSにはチームの多様性も影響を及ぼすと考えられる。TMSはチームの認知的な分業の状態を捉える概念であるために，チーム全体のメンバー構成もTMSに影響すると予想される。Ren & Argote（2011）は，集団での情報交換を向上させる機能面から，チームの多様性に注目すべきだと指摘している。チームの多様性は，経験や知識の差が問題解決を促すといったチーム成果への正の効果がある（e.g., Wegge, Roth, Neubach, Schmidt & Kanfer, 2008）。どのようなチームで構成されていると阻害要因の影響を和らげられるのかも明らかにすることで，チームの状況に合わせてTMSを効果的に促進させられるであろう。

特に本研究では，性別多様性に焦点を当てる。実際に日本企業では，女性の雇用者が正規・非正規ともに増加し続けており，男性が大多数を占めていた職場に女性が加わることが増えている（総務省統計局，2018）。性別構成が多様な職場では，労働時間や場所等従来の働き方が適さないと考えられ，見直す動きが活発になっている[1]。このような職場環境の変化を見ても，互いの持つ異なる知識の理解は不可欠であろう。さらに，TMSと性別の実証研究から，性別構成が多様になると，男女それぞれに特化した情報を記憶できるために，同性同士よりも多種多様な情報を扱える可能性が高まる（e.g., Hollingshead & Fraidin, 2003）。したがって，企業のチームにおいても性別多様性がTMSに影響を及ぼす重要な要因になると考えられる。

以上より本研究の目的は，プレッシャーのある風土とチームの性別多様性がTMSにい

図1：仮説モデル

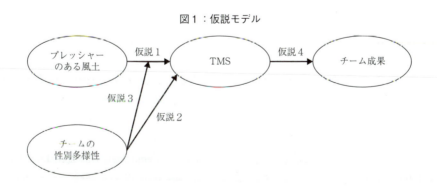

かに影響を及ぼすのか，また TMS がチーム成果にいかに影響を及ぼすのかを定量的に実証することである。本研究における概念間の関係を図1に示した。

## 2．先行研究の検討と仮説の構築

### 2-1．TMSの概念定義と
### 　　　先行研究のレビュー

　TMS の定義は研究者間で多少違いが見られるが，一般的に「他のチームメンバーが持つ多種多様な知識を，チームでコード化（encoding），保持（storage），再生（retrieval）するための認知的な分業体系」（Hollingshead, 2001; Wegner, Giuliano & Hertel, 1985; Wegner, 1987）と定義される。この概念を最初に広めた Wegner らの研究によれば，TMS の特徴は他者の記憶を外部記憶の一つとして活用する点にある。人が記憶できる量には限りがあるために，書籍や自分で書いたメモ，あるいはコンピューター等の外部の記憶媒体を利用して，知識を蓄積し再生する（Wegner, 1987）。このような外部記憶の一つとして「他者」を活用すると，自分一人で保有している情報よりも多くの情報を共有できるようになる（Moreland, 1999）。よって，TMS はそれぞれのメンバーが持つ知識の組み合わせに加えて，「誰が何を知っているか」に関する知識によって成る概念である（Wegner et al., 1985; Wegner, 1987）。

　そして，TMS と様々なチーム成果には正の関係があることが実証されている（e.g., Austin, 2003; Hollingshead, 1998; Lewis, 2004）。メンバーが互いを深く理解することで多様な知識にアクセスしやすいため，効率的にチーム内の知識を活用できる。さらに TMS が形成されているチームでは，何か問題が生じた場合に誰がその問題を解決できるかをメンバー間で判断できるので，迅速かつ容易に解決できる（Moreland, 1999）。このように，メンバーの

「誰が何を知っているか」を知ることで，チームの業務を達成する上で効率的にメンバーの知識を活用できる。TMS とチーム成果の関係を扱った研究には，チームの目標達成度（Austin, 2003），課題の質，顧客のニーズ適合（Lewis, 2004），新製品投入のスピードや新製品開発の成功（Akgün, Byrne, Keskin, Lynn & Imamoglu, 2005）等がある。

　TMS は下位次元を持つと考えられており，主要な見方に Lewis（2003）の3次元がある。具体的には，専門化，信頼，調整で構成される。本研究でも Lewis（2003）の次元を使用するが，信頼を除いた専門化と調整を検討する。なぜなら，特に専門化と調整の2つが TMS の特徴的な次元と捉えられるからである（Ren & Argote, 2011）。メンバーがそれぞれ専門的な知識を持っているだけではなく，「誰が何を知っているか」を知っている上で，メンバーの知識が効果的に調整されていることが TMS の特徴といえる（Lewis & Herndon, 2011）。信頼の次元は，TMS の概念を他の概念と比較してより明確にさせる次元である（Ren & Argote, 2011）が，ここでの信頼は，提示された方法や知識を受け入れる，または批判しないといった行動に表れる（Liang et al., 1995）。信頼自体が組織論では別の概念として捉えられており，TMS の概念で捉えるにはやや次元が異なる。また，Wegner らが議論していた当初の TMS の側面とは異なり，各々のメンバーが持つ知識の組み合わせや，他のメンバーが何を知っているかという気づきに本質はあると考えられる。ゆえに，本研究では信頼を除いて検討する。

### 2-2．プレッシャーのある風土とTMS

　組織風土という概念は，組織に属するメンバーの知覚として説明されてきたが，どのように定義し操作化するかは一貫していない（Patterson, West, Shackleton, Dawson, Lawthom, Maitlis, Robinson & Wallce, 2005）。一般的には，組織

の方針や慣習に対する，組織に属するメンバーの共有された知覚（Kuenzi & Schminke, 2009; Patterson et al., 2005）と定義される。また，「文化」との違いについても様々な議論がされているが，風土は表出され行動そのもののパターンに注目しており（Kuenzi & Schminke, 2009; Schneider, 2000），主にチームレベルで使用される。よって，本稿でも組織風土という用語を使用する。

TMS の先行要因を扱った既存研究では，大きく個人・チーム・組織レベルの特性に分けられるが，組織風土をはじめとする組織レベルの特性が TMS に及ぼす影響を検証した研究はあまり見られない（Ren & Argote, 2011）。メンバーは，チームにおける方針や手順，他のメンバーの行動に同様に従い，影響を少なからず受ける。そのため，チーム全体に風土が醸成されていき，さらに個人は影響を受ける（Kuenzi & Schminke, 2009）。TMSもチーム全体から影響を受けた個々のメンバーから形成される。組織論的にも，チームという組織活動の中で TMS は形成される。ゆえに，組織風土は TMS の先行要因を理解する上で重要である。

本研究では，特にプレッシャーのある風土を扱う。本稿で扱うプレッシャーを，先行研究を参考に，メンバーに課されたチームからの圧力とする（e.g., Gardner, 2003）。ただし，プレッシャーにも様々なタイプが考えられるので，ここでは，チームの業務達成に課される仕事量の負荷や時間的制約の圧力を指す[2]（e.g., Patterson et al., 2005）。

本研究でプレッシャーのある風土に着目する理由は 2 点ある。第一に，学術的な観点からは，風土の特定の側面に焦点を当てた既存研究では，公正，安全やイノベーション創出等の正の側面に焦点が当てられてきたが（Kuenzi & Schminke, 2009），プレッシャーのある風土等の負の側面は検討されることが少ない。また，TMS の先行研究では，組織

的な負の影響として激しいストレスが及ぼす影響を検証している。具体的には，学部生によるシミュレーション実験で，メンバーが時間的抑圧や脅威を感じる出来事を与えられると，TMS の形成プロセスに負の影響があるという結果を得た（Ellis, 2006）。ただ，この研究では学部生に一時的にストレスを与えており，組織風土のような職場に広く共有された知覚を扱っていないために，検証する必要がある。

第二に，実務的な観点からは，現実の企業の状況を勘案すれば，正の側面だけでなく負の側面の組織風土にも注目すべきである。実際に企業は，働き方改革の波を受けて労働時間や仕事の仕方自体を見直している。その一方で，労働時間の制約と仕事量の負荷にいかに対処するかが課題となっている。この動きの中で，一人ひとりが抱える業務負担によっては時間が確保できず，目の前の業務に集中せざるを得ないため，周囲への配慮や注意が低下しやすい。このような状況が継続すれば，チームで共有される情報に注意が向かず，情報共有を滞らせる要因になり得る。以上の理由から，本研究ではプレッシャーのある風土に注目する。

そして，プレッシャーのある風土は TMSに負の影響を及ぼすと推測される。その理由を注意資源理論（attentional resources theory）（Kanfer & Ackerman, 1989）の観点から検討する。注意資源とは，人の意識・集中する認知的な資源である。この理論によれば，タスクを処理する際には注意資源が必要となるが，人の注意資源には限りがある。そのため，注意資源をそれぞれのタスクに上手く割り振る必要があり，配分を誤るとパフォーマンスは低下する。

この理論を基に，プレッシャーのある風土の TMS に対する負の影響を説明する。チームメンバーが仕事量の負荷や時間の制約に置かれた場合，より自己のタスクに集中す

るため，チームへの注意力が狭まってしまう（Driskell, Salas & Johnston, 1999）。そのため，チームのタスクに関する情報を見逃してしまう。くわえて Durham, Locke, Poon & McLeod（2000）によれば，時間的制約は情報の探索や各情報の精査にかける時間を減少させるので，一つひとつの情報に割り振られる注意力も制限してしまう。それゆえ，チームで共有される情報や他のメンバーの知識にも十分な注意力が割かれない。

以上より，プレッシャーのある風土はTMSを阻害する要因になると考えられるので，以下の仮説が導かれる。

仮説1：プレッシャーのある風土は，TMSに負の影響を及ぼす。

## 2-3. チームの性別多様性とTMS
### 2-3-1. TMS研究における
### チームの性別多様性

TMS は誰が何を知っているかに関する，認知的な分業の状態を捉える概念であるため，チームメンバーの構成は重要な要因となる。Ren & Argote（2011）は，集団での情報交換を向上させる機能面から，チームの多様性に注目すべきだと指摘している。たとえば，Wegge et al.（2008）は，経験や知識の多様性が問題解決を促す効果を確認した。そして，チームの多様性研究の中でも，メンバーのデモグラフィック変数（性別，年齢，在職期間や学歴）とチーム成果の関係に関心が持たれてきた（Bell, Villadoet, Lukasik, Belau & Briggs, 2011）。

本研究では特に性別多様性に注目する。TMS 研究で性別多様性を取り上げる理由は，次の2点である。第一に実務的には，近年の日本企業の性別構成は多様になっているので，組織目標を達成するためには，互いの異なる視点の理解が不可欠である。実際に，育児等を機に仕事を離れる傾向にあった世代の

女性の働く割合は過去最高となり，正規・非正規を問わず仕事をする女性の割合も増加傾向にある[3]。このような職場環境で互いの持つ多様な視点を理解できなければ，チームでのタスクの割り振りや，知識の有効活用は困難となるだろう。

第二に学術的には，TMS の先行研究でも性別による影響は実証されているが，職場を対象とした TMS に及ぼす影響は明確ではない。たとえば異性のパートナーとの共同作業においては，性別のステレオタイプに合致した情報をより学ぶ傾向にある（Hollingshead & Fraidin, 2003）。これは，各々の性別に基づいたステレオタイプに一致した情報のほうが記憶しやすいことを意味する。そのため，性別は親密な仲（たとえばカップル）で関係があるともいわれるが（Ren & Argote, 2011），職場での影響は定かではない。よって，男女各々に特化した情報を記憶したほうがよりチームで多種多様な情報を扱えると仮定すると，職場における性別構成の多様化も TMS を向上させる要因になると推測されるので，検証する余地がある。

以上より，企業のチームにおいてチームの性別多様性と TMS の関係を検証することは，学術的にも実務的にも意義があると考えられるために，以降で検討する。

### 2-3-2. チームの性別多様性，プレッシャーのある風土とTMSの関係

ここでは，チームの性別多様性とプレッシャーのある風土および TMS の関係を，情報・意思決定理論と TMS の先行研究，注意資源理論を基に検討する。

情報・意思決定理論の観点に立った多様性の研究では（e.g., van Knippenberg & Schippers, 2007），多様性が高いチームは，タスクに関する知識や能力，異なる視点や意見を幅広く持つという。それゆえ，これらの多くの資源を利用して非定型的な問題解決を行ったり，

チームの創造性やイノベーション創出を高められる。なぜなら、異なる情報を統合する必要があるために、その過程が刺激となって創造性に富んだり、既存のコンセンサスから抜け出そうと注意深い考えが働いたりするからである（van Knippenberg & Schippers, 2007）。ゆえに、多様性が高まると異なる視点が増え、メンバーそれぞれが異なる情報や知識に触れる可能性が高まるので、新しい知識の組み合わせにたどり着く傾向が高まる。

くわえて、TMSと性別に関する先行研究から、性別構成が多様になると、同性同士よりも多種多様な情報を扱える可能性が高まると考えられる（Hollingshead & Fraidin, 2003; Iannone, McCarty & Kelly, 2017）。たとえば、実験による Hollingshead & Fraidin（2003）の研究では、同性同士よりも異性同士のほうが、男女それぞれに特化した情報を記憶できるという結果を得た。男性も女性も、互いにステレオタイプ的な知識を持つと考えられるので、性別に合った情報を与えられたほうが記憶しやすいのである。この結果から、性別構成が多様になると男女それぞれに特化した情報を記憶できるので、同性の組み合わせよりも多種多様な情報を扱えると推測される。また、Iannone et al.（2017）の友人同士の男女を扱った研究でも同様の結果が得られている。

以上より、性別構成が多様になると、異なる視点が増え、メンバーそれぞれが様々な情報や知識に触れられるので、チームでは多種多様な情報や知識を活用できる。したがって、以下の仮説が導かれる。

仮説2：チームの性別多様性は、TMSに正の
　　　　影響を及ぼす。

これらの先行研究と注意資源理論の観点から、性別構成が多様なチームほど、プレッシャーのある風土がTMSに及ぼす負の影響は小さくなると考えられる。注意資源理論の観点からは、プレッシャーのある風土が高いと、チームに対する注意力は制限されてしまうので、他のメンバー間で共有される情報や知識への注意が低下するために、TMSは低くなる。ただしこのような状況でも、性別構成が多様なチームでは、チームで多種多様な情報や知識を活用できると考えられる。情報・意思決定理論の観点からは、性別構成が多様になると異なる視点が増えるために、同性だけで構成されるよりも、メンバーそれぞれが異なる情報や知識に触れる可能性が高まる。それゆえ、チームに対しても注意資源を割り当て、両者の異なる視点を活かして多様な知識を扱える。さらに、TMSと性別に関する先行研究から、性別構成が多様になると、男女それぞれに記憶しやすい情報に特化できる。そのため、メンバーの注意資源を上手く配分でき、チームで扱う知識の専門性も向上する。

よって、性別構成が多様なチームでは、プレッシャーのある風土が高まる場合でも、様々な情報や知識に触れる機会が多く、異なる視点を活用できるチームが形成されているので、TMSも維持されうる。したがって、以下の仮説が導かれる。

仮説3：チームの性別多様性は、プレッシャー
　　　　のある風土とTMSの関係をモデレー
　　　　トする。チームの性別多様性が高い
　　　　とき、TMSに対するプレッシャー
　　　　のある風土の負の影響は小さくなり、
　　　　性別多様性が低いとその影響は大き
　　　　くなる。

## 2-4．TMSがチーム成果に及ぼす影響

多くの先行研究で、TMSがチームの様々な成果を向上させることが実証されている（e.g., Akgün et al., 2005; Hollingshead & Fraidin, 2003; Lewis, 2004; Pearsall & Ellis, 2006）。TMSの最も特徴的な効果としては、様々な知識を

71

効率的に活用できる点にある（e.g., Moreland, 1999）。企業の従業員を対象とした研究では，対象組織に合った具体的な成果指標が用いられていることが多い。Akgün et al.（2005）は新製品開発チームを対象に，新製品投入のスピードや製品の成功等の尺度を使用した。またLewis（2004）は，MBA の学生で構成されたチームを用いて，課題の質，顧客ニーズへの適合度等に対しての TMS の効果を検証した。

しかし，企業のチームで特定の結果を評価できる場面は必ずしも多くはない。そこで，実際のチームのタスク状況に着目した研究もある。Maynard, Mathieu, Rapp & Gilson（2012）は，組織のほとんどの仕事は明確に正解か不正解かを決められるものではないので，チームが効率的に仕事をやり遂げたか，またはチームの最終的なアウトプットを受け取る人が満足するかが重要であるとした。そこで，成功していると思われるチームの特徴を企業のマネジャーと話し合い，チームの有効性を評価する 4 項目の基準を作成した。それらは，仕事の効果的な調整，様々なスキルを取り入れて仕事をする程度，アイデアの創出，最終的なプロジェクトの質といった項目である。この研究では，IT 企業のバーチャルチームのデータを基に，TMS がこれらの成果を向上させる結果を得た。

本研究でも，Maynard et al.（2012）にならいチームのタスク状況に着目し，最終的なアウトプットが受け手の求める水準に達しているかどうか，という成果について検証する。

仮説 4：TMS は，チーム成果に正の影響を及ぼす。

## 3．方　法

### 3-1．調査方法とサンプルの属性

製薬メーカー A 社に所属する従業員に対して 2017 年 3 月に質問票調査を実施した。調査は Web 上で回答できる形式で行われ，従業員への配布および回収は A 社へ委任した。調査参加者の所属する部門は大きく，本社（総務，経理，人事等），研究開発，生産であった。

回答は 34 の課から得られ，192 人（上司 46 人，メンバー 146 人）で構成される。回収されたデータに未回答項目はなかった。今回は，調査対象企業と協議の上，課をチームの単位としたが，回答が 1 人または 2 人しか得られなかった課を除いた。また，上司の回答は基本的に直属の上司である課長の回答を使用したため，それ以外の部長の回答は除き，最終的に 25 の課，183 人のデータを分析に使用する。課の平均人数は 7.32 人（SD = 5.37, min = 3, max = 26）で，分析対象の 3 分の 2 が本社部門であった。分析対象となった 183 人の 74％が男性，22％が 35 〜 39 歳，平均勤続年数は 16 年（SD = 6.35），現在の課に所属している平均年数は 8.15 年（SD = 3.97）であった。

### 3-2．測定尺度

すべての尺度に対し 5 件法で回答を求めた。

### 3-2-1．TMS

TMS の測定に頻繁に用いられている Lewis（2003）の尺度を利用した。本研究では信頼の次元を除き，専門化と調整の項目のうち逆転項目を除いた項目を採用し，最終的に 5 項目を作成した。因子分析を行ったところ一因子が確認された。たとえば，「私の部署のメンバーは，他のメンバーがどのような専門知識やノウハウに詳しいかを知っている」，「私の部署のメンバーは，どのように協力して仕事を進めたらよいかをわかっている」である（$\alpha$ = .85）。

メンバーの平均値をチームの得点として使用するかどうかを判断するために，$r_{wg}$ および ICC を算出した。$r_{wg}$ はチーム内で回答が一致しているかどうかを示す指標であり，ICC はチームレベルで平均した尺度の信頼性を表す指標である（Bliese, 2000; James, Demaree & Wolf, 1984）。

その結果，$r_{wg}$ =.87, ICC（1）=.11, ICC（2）=.47であった。ICC（2）は著しく高い数値が得られてはいないが，似たような部門からチームのサンプルを収集したために，チーム間の差が少なくなってしまっていることに起因する（Bliese, 2000; James et al. 1984）。よって，個人レベルの回答を合算しても問題ないことが示された。

### 3-2-2. プレッシャーのある風土

Patterson et al.（2005）のプレッシャー風土尺度のうち，逆転項目を除いた3項目を使用した。変数間の関係が強く出てしまうコモン・メソッド・バイアスを回避するために，メンバーのみから回答を得た（Podsakoff, MacKenzie, Lee & Podsakoff, 2003）[4]。因子分析を行ったところ，因子負荷量の少なかった1項目を除いて一因子が確認された。質問項目は，「私の部署では，一日で非常に多くの仕事をこなすことが期待されている」「私の部署では，非常にハードに働くことが求められる」である（$\alpha$=.74）。$r_{wg}$とICCを確認したところ（$r_{wg}$ =.78, ICC（1）=.12, ICC（2）=.43），個人レベルの回答を合算しても問題ないことが確認できた。

### 3-2-3. 性別多様性

性別多様性は，各回答者の自己回答をもとにBlau（1977）の異質性指標を算出した。計算式は，性別多様性 =$1 - \sum P_i^2$で，$P_i$はチーム内の男女それぞれの割合を指す。性別多様性は2つのカテゴリーから成るため，最小値は0（全員の性別が同じ），最大値は0.5（男性50%，女性50%）となる。本サンプルにおける性別多様性の平均値は0.31，標準偏差は0.18で，最小値は0，最大値は0.5であった。

### 3-2-4. チーム成果

Maynard et al.（2012）のチームの有効性尺度の4項目を使用した。チーム成果は，コモン・メソッド・バイアスを回避するために上司のみから回答を得た。因子分析を行ったところ一因子が確認された。具体的には，「私の部署では，他のメンバーのさまざまな知識やノウハウを取り入れ，仕事に活用している」「私の部署では，社内や顧客のニーズに合った仕事ができている」等の項目である（$\alpha$=.69）。複数上司がいた場合には，その平均値を用いた。

### 3-2-5. コントロール変数

TMSに影響を及ぼすと考えられる，部門（本社 =1，研究開発 =2，生産 =3），現在のチームに所属している年数の平均，チームの規模をコントロール変数として投入する。チームの在籍年数が長ければ，メンバーが互いの理解を深めている可能性が高いため，TMSには正の影響があると考えられる。また，チームの規模は課の人数である。チーム内の人数

表1：本研究で使用した変数の記述統計量と相関

| | 変数 | M | SD | 1 | 2 | 3 | 4 | 5 | 6 | 7 | 8 | 9 |
|---|---|---|---|---|---|---|---|---|---|---|---|---|
| 1 | 部門1 | 0.72 | 0.46 | — | | | | | | | | |
| 2 | 部門2 | 0.20 | 0.41 | -.80** | — | | | | | | | |
| 3 | 部門3 | 0.08 | 0.28 | -.47* | -.15 | — | | | | | | |
| 4 | チームに所属している年数の平均 | 8.15 | 3.97 | -.51** | .49* | .12 | — | | | | | |
| 5 | チームの規模 | 7.32 | 5.37 | -.52** | .20 | .57** | .57** | — | | | | |
| 6 | プレッシャーのある風土 | 3.11 | 0.37 | .09 | -.16 | .09 | .18 | .07 | — | | | |
| 7 | 性別多様性 | 0.31 | 0.18 | .23 | -.25 | -.01 | .01 | .00 | -.28 | — | | |
| 8 | TMS | 3.84 | 0.25 | .32 | -.04 | -.47* | .00 | -.32 | -.43* | .20 | — | |
| 9 | チーム成果 | 3.78 | 0.34 | -.15 | .26 | -.14 | .33 | .25 | -.33 | .08 | .55** | — |

$N$=25, **; $p < .01$, *; $p < .05$, †; $p < .10$

が多いほど，他のメンバーが持つ知識の十分な把握が難しくなるため（Krackhardt, 1994），負の影響を及ぼすと予測される。

## 4. 結　果

本研究で分析に使用した変数の記述統計量および相関は表1のとおりである。仮説を検証するために，階層的重回帰分析を行った[5]。

まず，プレッシャーのある風土（仮説1）とチームの性別多様性（仮説2）がTMSに及ぼす影響を検証するために，TMSを従属変数とした分析を行った（表2）。最初にコントロール変数のみを投入し，次にプレッシャーのある風土および性別多様性を投入した。その結果，プレッシャーのある風土はTMSに負の有意な結果が得られた（モデル2：$\beta = -.54$, $p < .05$）。しかし，チームの性別多様性は有意な結果が見られなかった（モデル2：$\beta = -.06$, n.s.）。したがって仮説1は支持されたが，仮説2は支持されなかった。

次に，プレッシャーのある風土とTMSの関係を性別多様性がモデレートする，という仮説3を検証する。表2に示したように，モデル3で交互作用項を投入したところ，プレッシャーのある風土との交互作用項は有意

表2：TMSを従属変数とした階層的重回帰分析の結果

| 独立変数 | モデル | | |
|---|---|---|---|
| | 1 | 2 | 3 |
| 部門1 | 0.70 | 0.65 † | 0.79* |
| 部門2 | 0.44 | 0.20 | 0.29 |
| チームに所属している年数の平均 | 0.24 | 0.48 † | 0.42 † |
| チームの規模 | -0.18 | -0.25 | -0.13 |
| プレッシャーのある風土 | | -0.54* | -1.09** |
| 性別多様性 | | -0.06 | -0.15 |
| プレッシャーのある風土×性別多様性 | | | 0.61 † |
| 調整済み$R^2$ | 0.116 | 0.332 | 0.420 |
| $F$ | 1.786 | 2.991* | 3.485* |
| $\Delta R^2$ | | 0.236 | 0.090 |

$N=25$, **: $p < .01$, *: $p < .05$, †: $p < .10$
係数は，標準化偏回帰係数を示している。$\Delta R^2$はモデル1との比較結果である。

表3：チーム成果を従属変数とした階層的重回帰分析の結果

| 独立変数 | モデル | | |
|---|---|---|---|
| | 1 | 2 | 3 |
| 部門1 | 0.58 | 0.54 | 0.12 |
| 部門2 | 0.59 | 0.40 | 0.27 |
| チームに所属している年数の平均 | 0.13 | 0.31 | 0.01 |
| チームの規模 | 0.36 | 0.30 | 0.46 † |
| プレッシャーのある風土 | | -0.41 † | -0.06 |
| 性別多様性 | | -0.06 | -0.02 |
| TMS | | | 0.64* |
| 調整済み$R^2$ | 0.041 | 0.113 | 0.352 |
| $F$ | 1.257 | 1.510 | 2.859* |
| $\Delta R^2$ | | 0.134 | 0.206 |

$N=25$, **: $p < .01$, *: $p < .05$, †: $p < .10$
係数は，標準化偏回帰係数を示している。$\Delta R^2$はモデル1との比較結果である。

▶組織風土とチームの多様性がトランザクティブ・メモリー・システムに及ぼす影響

図2：プレッシャーのある風土と性別多様性との交互作用

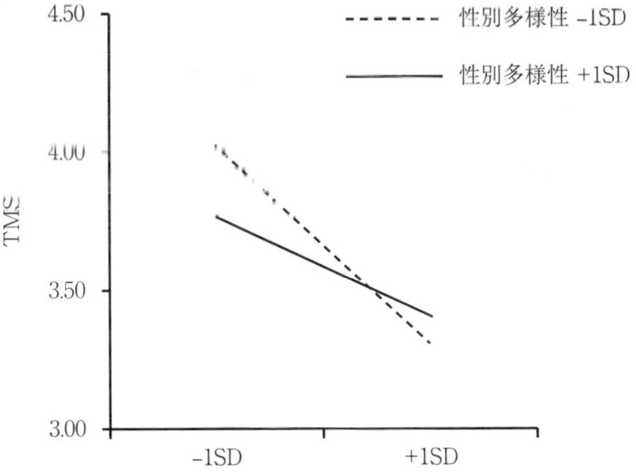

確率10％ではあるが関係が見られた（モデル3：$\beta$= .61, $p$ < .07）。この関係を図示したのが図2である。ここから，プレッシャーのある風土はTMSに負の影響を及ぼすが，性別多様性が高いとき，TMSに対するプレッシャー風土の負の影響が緩和されていることがわかった。したがって，仮説3は有意確率10％ではあるが支持された。

最後に，チーム成果に対するTMSの影響を検証する（仮説4）。表3に示したように，コントロール変数，プレッシャーのある風土および性別多様性を投入したのちに，TMSの影響を見た。その結果，チーム成果に対して正の有意な結果が見られた（$\beta$= .64, $p$ < .05）。よって，仮説4は支持された。

## 5．考　察

本研究の分析により，以下の2点が明らかになった。1点目に，負の組織風土であるプレッシャーのある風土は，TMSに負の影響を及ぼすことがわかった。先行研究ではTMSの促進要因に注意が向けられてきたが，阻害要因についてはほとんど研究がない。阻害要因の存在は，促進要因の効果を減じてしまう可能性もある。本結果より，TMSの促進には阻害要因にも対処できるかどうかが重要であることがわかった。

2点目に，チームの性別多様性がプレッシャーのある風土とTMSの関係をモデレートすることがわかった。プレッシャーのある風土といった，TMSには負の影響を及ぼす組織要因も，性別多様性が低い場合にはその影響を直接的に受けるが，性別多様性が高くなると負の影響は緩和される。これは，情報・意思決定理論やTMSの既存研究で見たように，性別構成が多様になると，異なる視点が増え，メンバーそれぞれが様々な異なる情報や知識に触れられるので，チームでは多種多様な情報や知識を活用できる。そのため，負の組織風土の影響があっても，TMSは維持されるといえる。

一方で，TMSに対する性別多様性の直接の影響は見られなかった。TMSは認知的な分業の状態を捉える概念であるため，チームメンバーの構成もTMSに影響を及ぼす重要な要因である。しかし，今回の検証では他の要因よりも影響が小さく，性別多様性のみではTMSに影響はなかった。今回のサンプルは70％以上が男性だったので，女性が主体であるチームでは異なる結果が得られる可能性もある。また，サンプルの3分の2が本社部

門であったため，スピードや創造性が重要となる部門，たとえばITの研究開発等であれば，性別多様性の直接的な影響が見られるとも考えられる。なぜなら，そのような部門ではより多種多様な視点や知識を必要とするからである。ただし，本結果ではプレッシャーのある風土とTMSとの関係をモデレートする効果が見られ，チームメンバーの構成は他の要因と複合的に影響し合うと考えられる。

## 6．おわりに

本研究の理論的な貢献点は，あまり扱われてこなかった組織レベルの負の特性がTMSに及ぼす影響を検討し，これらの関係にチームの多様性も加えて議論した点である。TMSの阻害要因についてはほとんど研究がない上に，Ren & Argote（2011）が指摘するように組織風土等の組織レベルの特性も検証されていない。本研究ではプレッシャー風土を取り上げ，直接的な負の影響があるという結果を得た。くわえて，この阻害要因とTMSの関係に対するチームの多様性の影響を検証することで，どのようなチームでは阻害要因の影響を和らげられるのかを明らかにした。本結果より，性別多様性が高いとき，TMSに対するプレッシャー風土の負の影響が緩和されていることがわかった。

本研究の実務的な貢献としては，チームの性別多様性の程度に留意すれば，負の組織風土が存在していてもTMSを維持できる点が挙げられる。性別構成が多様なチームを構築するよう留意すれば，日常的に異なる情報や知識に触れる機会を高められるので，仕事量の負荷や時間的制約の圧力を感じていてもTMSは維持されやすい。チーム構成にも留意すれば，TMSを効率的に維持でき，チーム成果もより高められるであろう。

上記のような貢献点もあるが，限界と課題もある。第一に，今回のサンプルは一つの企業に所属する従業員からしか収集できていないため，結果が限定的であることは否めない。また，分析に使用したチーム数も決して多いとはいえず，仮説3の検証も有意水準10％に留まっている。そのため，今後は他業種でも有効かどうか，また多くのチームからサンプルを収集し検証を行う必要があろう。第二に，今回は性別多様性に焦点を当てたが，異なる視点を持つという観点からは，個人の経歴や専門的な知識そのものも変数として取り上げられると考えられるため，今後検証する必要があろう。第三に，TMSの測定方法について，本研究では頻繁に利用されているLewis（2003）の尺度を用いたが，TMSの側面をすべて包括できているわけではない。TMSの中で知識が実際にやり取りされているのかどうかといった，TMSのダイナミックな側面（Lewis & Herndon, 2011）を測定するような方法も模索する必要があろう。

[謝辞]　本研究は，JSPS科研費 17H07183 および早稲田大学特定課題研究助成費 2018K-156 の助成を受けて進められた研究成果の一部である。また，分析や論文執筆過程では，早稲田大学商学学術院　藤田誠先生，村瀬俊朗先生から多くのご指導を頂いた。データ収集においては，製薬メーカーA社の方々にご協力頂いた。ここに記して感謝の意を表したい。なお，本稿の誤り・不備の責任はすべて筆者に帰す。

## 【注】

（1）　総務省統計局（2018），内閣府（2015）を参照。

（2）　プレッシャーには，本稿で検討するような仕事量の負荷や時間的制約の圧力以外にも，優れた成果を出さなければならないという成果へのプレッシャーも検討されている（e.g., Gardner, 2003）。Gardner（2003）では，成果へのプレッシャーはチーム成果を高めるという正の効果があるとされており，本研究で扱う負のプレッシャーとは区別される。

（3）　総務省統計局（2018），『日本経済新聞』2018年7月14日を参照。

（4）　データの収集時にコモン・メソッド・バイアス

を回避するよう，測定尺度によって対象者を変え
て収集したが，TMSとプレッシャーのある風土は
ほとんどが同一のメンバーから得た回答である。
そこで，コモン・メソッド・バイアスが深刻になっ
ているかどうかを判断するために，Harman の単
一因子検定を行った。プレッシャーのある風土と
TMS を投入し探索的因子分析を行ったところ，2
つの因子が抽出され，第一因子で説明される割合
は45％であった。最も大きい固有値の第一因子で
説明される割合が50％に満たなかったため，今回
はコモン・メソッド・バイアスの影響が深刻では
ないと判断する（Podsakoff et al., 2003）。

（5） 部門3（生産）の1チームのみ，規模が非常に
大きい（最大値の 26 人）。そこで，部門3の1チー
ムを除いて同じ検証を行ったが，同様の結果が得
られたためこの影響はなかった。

## 【参考文献】

Akgün, A. E., Byrne, J., Keskin, H., Lynn, G. S., & Imamoglu, S. Z. (2005) Knowledge networks in new product development projects: A transactive memory perspective. *Information & Management*, 42: 1105–1120.

Austin, J. R. (2003) Transactive memory in organizational groups: The effects of content, consensus, specialization, and accuracy on group performance. *Journal of Applied Psychology*, 88(5): 866–878.

Bell, S. T., Villadoet, A. J., Lukasik, M. A., Belau, L., & Briggs, A. L. (2011) Getting specific about demographic diversity variable and team performance relationships: A meta-analysis. *Journal of Management*, 37(3): 709–743.

Blau, P. M. (1977) *Inequality and Heterogeneity*. New York: Free Press.

Bliese, P. D. (2000) Within-group agreement, non-independence, and reliability: Implications for data aggregation and analysis. In K. J. Klein & S. W. J. Kozlowski (Eds.), *Multilevel Theory, Research and Methods in Organizations: Foundations, Extensions, and New Directions*: 349–381. San Francisco, CA: Jossey-Bass.

Driskell, J. E., Salas, E., & Johnston, J. (1999) Does stress lead to a loss of team perspective? *Group Dynamics: Theory, Research, and Practice*, 3(4): 291–302.

Durham, C. C., Locke, E. A., Poon, J. M. L., & McLeod, P. L. (2000) Effects of group goals and time pressure on group efficacy, information-seeking strategy, and performance. *Human Performance*, 13 (2): 115–138.

Ellis, A. P. J. (2006) System breakdown: The role of mental models and transactive memory in the relationship between acute stress and team performance. *Academy of Management Journal*, 49(3): 576–589.

Gardner, H. K. (2003) Performance pressure as a double-edged sword: Enhancing team motivation but undermining the use of team knowledge. *Administrative Science Quarterly*, 57(1): 1–46.

Hollingshead, A. B. (1998) Communication, learning, and retrieval in transactive memory systems. *Journal of Experimental Social Psychology*, 34: 423–442.

Hollingshead, A. B. (2001) Cognitive interdependence and convergent expectations in transactive memory. *Journal of Personality and Social Psychology*, 81(6): 1080–1089.

Hollingshead, A. B., & Fraidin, S. N. (2003) Gender stereotypes and assumptions about expertise in transactive memory. *Journal of Experimental Social Psychology*, 39(4): 355–363.

Iannone, N. E., McCarty, M. K., & Kelly, J. R. (2017) With a little help from your friend: Transactive memory in best friendships. *Journal of Social and Personal Relationships*, 34(6): 812–832.

James, L. R., Demaree, R. G., & Wolf, G. (1984) Estimating within-group inter-rater reliability with and without response bias. *Journal of Applied Psychology*, 69: 85–98.

Kanfer, R., & Ackerman, P. L. (1989) Motivation and cognitive abilities: An integrative/aptitude-treatment interaction approach to skill acquisition. *Journal of Applied Psychology*, 74: 657–690.

Krackhardt, D. (1994) Constraints on interactive organizations as ideal type. In C. Heckscher, & A. Donnellon (Eds.), *The Post-Bureaucratic Organization: New Perspectives on Organizational Change*: 207–229. Thousand Oaks, CA: Sage.

Kuenzi, M., & Schminke, M. (2009) Assembling fragments into a lens: A review, critique, and proposed research agenda for the organizational work climate literature. *Journal of Management*, 35(3): 634–717.

Lewis, K. (2003) Measuring transactive memory systems in the field: Scale development and validation. *Journal of Applied Psychology*, 88(4): 587–604.

Lewis, K. (2004) Knowledge and performance in knowledge-worker teams: A longitudinal study of transactive memory systems. *Management Science*, 50(11): 1519–1533.

Lewis, K., & Herndon, B. (2011) Transactive memory systems: Current issues and future research directions. *Organization Science*, 22(5): 1254–1265.

Liang, D. W., Moreland, R., & Argote, L. (1995) Group versus individual training and group performance: The mediating role of transactive memory. *Personality and Social Psychology Bulletin*, 21(4): 384–393.

Maynard, M. T., Mathieu, J. E., Rapp, T. L., & Gilson, L. L. (2012) Something(s) old and something(s) new: Modeling drivers of global virtual team effectiveness. *Journal of Organizational Behavior*, 33(3): 342–365.

Moreland, R. L. (1999) Transactive memory: Learning who knows what in work groups and organizations. In L. Thompson, D. Messick, & J. Levine (Eds.), *Shared Cognition in Organizations: The Management of Knowledge*: 3–31. Mahwah, NJ: Lawrence Erlbaum.

Patterson, M. G., West, M. A., Shackleton, V. J., Dawson, J. F., Lawthom, R., Maitlis, S., Robinson, D. L., & Wallce, A. M. (2005) Validating the organizational climate measure: Links to managerial practices, productivity and innovation. *Journal of Organizational Behavior*, 26(4): 379–408.

Pearsall, M. J., & Ellis, A. P. J. (2006) The effects of critical team member assertiveness on team performance and satisfaction. *Journal of Management*, 32(4): 575–594.

Podsakoff, P. M., MacKenzie, S. B., Lee, J-Y., & Podsakoff, N. P. (2003) Common method biases in behavioral research: A critical review of the literature and recommended remedies. *Journal of Applied Psychology*, 88(5): 879–903.

Ren, Y., & Argote, L. (2011) Transactive memory systems 1985-2010: An integrative framework of key dimensions, antecedents, and consequences. *The Academy of Management Annals*, 5(1): 189–229.

Schneider, B. (2000) The psychological life of organizations. In N. M. Ashkanasy, C. P. Wilderom, & M. F. Peterson (Eds.), *Handbook of Organizational Culture and Climate*: xvii–xxii. Thousand Oaks, CA: Sage.

van Knippenberg, D., & Schippers, M. C. (2007) Work group diversity. *Annual Review of Psychology*, 58: 515–541.

Wegge, J., Roth, C., Neubach, B., Schmidt, K.-H., & Kanfer, R. (2008) Age and gender diversity as determinants of performance and health in a public organization: The role of task complexity and group size. *Journal of Applied Psychology*, 93(6): 1301–1313.

Wegner, D. M. (1987) Transactive memory: A contemporary analysis of the group mind. In B. Mullen & G. R. Goethals (Eds.), *Theories of Group Behavior*: 185–208. New York: Springer.

Wegner, D. M., Giuliano, T., & Hertel, P. T. (1985) Cognitive interdependence in close relationships. In W. Ickes (Ed.), *Compatible and Incompatible Relationships*: 253–276. New York: Springer-Verlag.

総務省統計局 (2018)「労働力調査（基本集計）平成29年（2017年）平均（速報）結果」http://www.stat.go.jp/data/roudou/sokuhou/nen/ft/index.htm（2018年2月27日閲覧）。

独立行政法人労働政策研究・研修機構 (2016)「『労働時間管理と効率的な働き方に関する調査』結果および『労働時間や働き方のニーズに関する調査』結果—より効率的な働き方の実現に向けて，企業の雇用管理はどう変わろうとしているのか—」http://www.jil.go.jp/institute/research/2016/148.html（2018年9月24日閲覧）。

内閣府 (2015)「第2章　少子高齢化の下で求められる働き方の多様化と人材力の強化」『平成28年度年次経済財政報告』http://www5.cao.go.jp/j-j/wp/wp-je16/h02-00.html（2018年2月27日閲覧）。

日本経済新聞「働く女性の割合最高　就業構造
　調査，25 〜 39 歳 は 75% 超 す ―」朝 刊, 2018
　年 7 月 14 日 https://www.nikkei.com/article/

DGKKZO32977950T10C18A7EA1000/（2018 年 9 月
24 日閲覧）。

▶書　評 ｜ 坂本 義和（日本大学商学部教授）

竹内 竜介 著

# 『外資系製薬企業の進化史
― 社会関係資本の活用と日本での事業展開 ―』

（中央経済社，2018年，ⅴ＋Ⅳ＋222頁）

## 1．はじめに

　本書は，日本市場における外資系製薬企業の参入と成長を詳細な歴史的分析によって明らかにした研究書である。ただしいわゆる狭義の産業史・経営史の枠に留まるものではない。海外子会社，多国籍企業の動向を対象とすることによって，著者自身が「経営史研究と国際経営論との架橋を意識した」（p.ⅱ）と述べている通り，国際経営論や多国籍企業論をも視野に入れた意欲的な著作である。なお本書は多国籍企業学会より第9回（2018年）学術研究奨励賞を受賞していることから，著者の意図や目論見は成功的に達成されていると言えよう。

　最初に評者による結論的感想を述べさせてもらうと，本書は国際経営論の問題意識や諸議論を踏まえた上で，伝統的な経営史研究の作法に基づいて外資系製薬企業の個別事業活動の詳細に肉薄し，さらにそこで得た知見を国際経営論の議論に再び組み込もうとするものであり，その成果は経営史と国際経営論の

観点のそれぞれにおいて学問的に十分な貢献がみられるものである。そして何よりも本書は一読して著者の真摯な研究姿勢が伝わってくる良書である。

## 2．本書の問題意識と研究対象，主題

　問題意識も当然ながら国際経営論を強く意識したものとなっている。まず「はしがき」において「外資系企業はなぜ日本市場に参入し，どのような活動を日本で展開してきたのか。そして，その成長の要因は何であったのか」（p.ⅰ）というプリミティブな疑問を述べ，「なぜ企業は海外市場に参入し，設立された海外子会社はどのように成長を遂げるのかという，企業の国際経営に関する根源的な問いに通じるもの」（p.ⅰ）として，本研究の問題意識が国際経営論の範疇にあることを表明している。本書では，このような問題意識に対して歴史的観点から考察を進めるとして，2つの観点から先行研究レビューを行っている。1つ目は外資系企業にとっての日本市場についての一連の研究である。そこでは「日

本政府や日本企業がとった排他的行動は，外資系企業の成長にとって障壁の1つであった」（p. 20）との見解が紹介されるが，それでも成長を遂げた外資系企業が存在することを指摘し，そこから経営のあり方次第で成果に違いがあるとの立場をとっている。3つ目は国際関係経営史を踏まえた外資系企業の経営行動に関する一連の研究である。そこでは外資系企業の歴史を扱ったいくつかの研究を紹介しながら海外子会社が現地市場に存在する外部アクターとの関係性に注目する近年の経営史研究に言及し，そこから「外資系企業と日本に存在する外部アクターとの関係性により注目する必要がある」（p. 23）とする。本書ではこれら二方面の先行研究レビューから「外資系企業と外部アクターとの関係性に焦点を置き，外資系企業の発展経緯およびその成長を支えた主体的要因を考察する」（pp. 23-24）との具体的な検討対象を導いている。これら企業の主体性と外部アクターとの関係性が本書の研究の根幹をなすものとなり，また研究のオリジナリティを生み出すものともなっている。

本書ではこの観点において外資系製薬企業に焦点を当て（多くの産業のうちなぜ製薬産業を対象にするのかの明確な説明はなかったようであるが），製薬産業が有する特性として医師という外部アクターの影響力に注視するとする。外資系製薬企業の経営努力の1つとして「日本市場に投入する新薬を継続的に確保し，その承認を確実かつ迅速に得て，しかも迅速に市場に受け入れられる体制をつくり出すこと」（p. 24）とするが，それを実現する方法の1つとして医師との関係構築に着目している。外資系製薬企業が医師との関係性をいかにマネジメントしたかについて明らかにすることが本書の主たるテーマになるというものである。

## 3．本書の理論的な立脚点

本書では以上のことを明らかにするにあたって，医師の社会的ネットワークとその機能についての丁寧な説明を行っている。前提として「製薬企業と医師との関係性は多岐にわたる」（p. 25）とされるが，それらが単なる情報や医薬品の取引関係だけでなく，「製薬企業が実施する医薬品の開発および医薬品の普及活動において，医師は重要な協力者にもなりうる」（p. 25）ことも指摘する。「新薬の開発途中で行われる治験には，もちろん医師がかかわっている。また，治験に携わった医師が試験結果の報告や発表を行えば，対象となる新薬の情報が拡散される。新薬の有効性や安全性が高い試験結果が出れば，すぐに情報の発信や浸透が起こり，新薬の普及につながる」（pp. 25-26）というものである。ここから「製薬企業は医師との間に，自社の活動に理解を示し，協力してくれるような信頼関係を構築することが求められる」（p. 26）ということを指摘する。さらにこの医師の意思決定について，それが周りの医師たちの行動から影響を受けていることも指摘する。医師は「学会や研究会といった医学知識の共有と発展を目的にした組織に属することや，同じ医局出身（同窓）といったことなどから生じる社会的ネットワーク」（p. 26）を形成する。そして「この医師の社会的ネットワークにおいて，医師間での情報交換や相互作用がなされており，これが各医師の行動に影響を及ぼしている」と指摘する。これが著者の重視する医師の社会的ネットワークの意義になる。当然ながら製薬企業からすると，この医師の社会的ネットワークを活用できるか否かによって成果を出せるかが決定するというものである。「製薬企業は医師のネットワーク内で影響力を持つ，もしくは影響力を持つことが見込まれる医師と信頼関係を構築し，その医師と連携す

ることによって，他の多くの医師を自らの事業活動に巻き込むことが可能になる。多くの医師を事業活動に巻き込むことができれば，製薬企業は新薬の迅速な承認の実現可能性が高まり，同時に新薬の採用の拡大も見込まれよう」（p. 27）というものである。

　そして本書では，このような製薬企業による医師の社会的ネットワークとの連携を探る行為を理解するに当たり「社会関係資本（Social Capital）」概念を鍵概念として用いるとする。社会関係資本の定義は論者によって異なることを指摘しつつ，J. S. Coleman や R. D. Putnam，R. S. Burt，N. Lin といった代表的論者の定義を確認した上で，社会関係資本の観点を本書のテーマに当てはめ，「製薬企業がオピニオンドクターをはじめとした特定の医師と関係を構築すれば，彼（女）らが持つ情報力（個人的資源）や属する社会的ネットワーク内での影響力（地位的資源や関係的資源）を活用することができる。それは，社会関係への投資を通して獲得できる資源である。その資源の活用が他の医師たちの動員や協力をもたらし，研究開発活動や販売促進活動の円滑化につながる。すなわち新薬の承認や普及という事業成果を可能にする。このように，その資源は製薬企業にとって有益なものである」（p. 30）と提示する。またこの観点から「日本市場に存在する医師の社会的ネットワークに埋め込まれた社会関係資本にアクセスし，それを活用することは，日本製薬企業より外資系企業のほうが困難だったと考えられる」（p. 30）とも指摘する。すなわちハンディのあった外資系企業がいかに社会関係資本にアクセスしたのかという点が歴史的実証における重要なパースペクティブになるというものである。

## 4．本書の構成と概略

　それでは各章のタイトルと概略を示した

い。第1章「外資系企業の歴史研究」では，外資系企業が日本でいかに成長したのかという問題意識を提示した後，外資系製薬企業の事業展開に関する予備的な考察が行われている。各外資系製薬企業の日本市場への参入年や，グループによる世界市場シェア順位，日本法人による日本市場シェア順位，などの概観が紹介される。その上で著者は各企業の売上高の推移を基に外資系製薬企業を，①長期にわたる日本事業の経験を有し，1970年代以降急激に売上高を伸ばしているタイプ，②いったんは売上高を伸ばすことに成功したものの持続的な増加に苦戦したタイプ，③日本事業の経験も長く持続的な成長傾向を示すが①のタイプよりも売上高の増加率が低いタイプ，④日本への参入が比較的遅かったがその後成長を遂げることに成功したタイプ，の4つに分類する。このうち本書では①，②，④のタイプに属する企業を取り上げるとする。

　第2章「外資系製薬企業と社会関係資本」では，既述したような外資系企業に対する主に経営史における研究動向のレビュー，考察対象の設定，医師の社会的ネットワークの説明，そして本書における鍵概念としての社会関係資本の説明がなされている。

　第3章から第6章にかけては，具体的な歴史実証分析が行われている。第3章「日本製薬産業の発展と外資系製薬企業」は，第二次世界大戦後から1990年代までの日本製薬産業の歴史的推移と外資系製薬企業の動向について概観が示されている。ここでは国民医療費の推移や医療従事者数推移などといった国内医療の動向が示され，また医薬品ビジネスに関するいくつかの制度変更も示されている。特に，薬価，販売・流通，臨床試験（治験）について詳細な説明がなされており，以下のケースを読むにあたって読者に予備的知識をつける役割も担っている。第4章「メルク社と日本メルク萬有・萬有製薬」，第5章「シエーリング社と日本シエーリング社」，第6章「イー

ライリリー社と日本イーライリリー社」は，上記の外資系製薬企業のタイプ別企業のケースとなっており，それぞれのケースにおいて，いかに医師との信頼関係を築き，いかにネットワークを活用することで流通販売，情報共有，治験協力，新製品展開などを進めていくかの事例が詳細に明らかにされている。これらケースは，本書の経営史的側面におけるメインの内容に当たる。各ケースともに，歴史的研究のため必ずしも論理的な因果関係が明確になるわけではないが，社会関係資本概念の観点から一見すると瑣末にさえみえる個々の事象をもとに各企業の成長の軌跡を詳細に描き出している。これこそ経営史研究の醍醐味と言えるが，それゆえこれらケースに対する具体的な内容については直接読んで頂きたいと考える。なおこれら歴史的実証の根拠となる引用先としては，社内報や社内文書に加え，関係者への聞き取りやインタビューを駆使している。いわゆる1次資料や聞き取り調査をふんだんに活用して歴史を描き出した点において，経営史研究の観点においても高い評価を得られるものと思われる。

　第7章「事例研究の総括と展開」は，本書のまとめの章でありまた経営史と国際経営論をつなげるという本書の目的が結実する章でもある。まず本書の実証研究の総括として外資系製薬企業の成長の軌跡がまとめられ，続いて個別企業ケースで得られた知見をもとに抽象的議論へのインプリケーションが行われている。国際経営論への貢献を念頭に置きながら，海外子会社の進化の議論，多国籍企業の埋め込みの議論，社会関係資本の議論への言及がなされている。特に多国籍企業の埋め込みの議論については，「「内的埋め込み」と「外的埋め込み」とは，これまでトレードオフの関係で捉えられてきた」（p. 198）ことに対し，「本書の事例から，両者は必ずしもトレードオフの関係でないと指摘できる」（p. 198）として，新たな見解を提示している。

また社会関係資本の議論については，外資系製薬企業を通じて「現地市場に埋め込まれた社会関係資本の重要性を理解してその活用をいかに巧みに実現するのか」（p. 202）という問題を解明したが，これは海外子会社の共通の経営課題であり，ゆえに「社会関係資本は，外資系企業の歴史を考察するうえで重要な鍵概念になりうる」（p. 199）との提示をしている。

　さて以上のような本書の問題設定，予備的考察，個別企業のケース，抽象的議論へのインプリケーション，といった構成は，評者の勝手な読み込みの可能性がありゆえに蛇足的な感想かもしれないが，経営史における古典的名著であり経営史と経営戦略論や経営組織論の「架橋」となった A. D. Chandler, Jr. の *Strategy and Structure*（『経営戦略と組織』）の構成を髣髴させたことを付記しておきたい。

## 5．むすび

　最後に本書の貢献ならびに本書への要望を述べることでむすびとしたい。本書の貢献は数多くあると考えられるが紙幅の関係上，以下の2点にまとめたい。第1に個別ケース3社の歴史的実証の水準が高いことである。社会的関係資本のパースペクティブから各社の経営戦略ならびに具体的な活動についての詳細を明らかにしたことは，経営史もしくは産業史の研究領域に対して十分な貢献があったと考えられる。第2に著者が意図した通り，経営史研究のみならず国際経営論を強く意識したことで，海外子会社の議論，多国籍企業の議論にインプリケーションを行っていることである。もちろん歴史事例を安易に抽象化や一般化することには困難や限界があるが，著者が「ある種の架橋」と述べるように，本研究では海外子会社共通の経営課題に対して丁寧な歴史実証研究で得られた新たな知見を1つの事例として提示したと言えるものであり，国際経営論分野に対して十分な貢献が

83

あったと言えよう。評者は，本書がいずれの観点においても高い学術的価値を有していると考えている。

このように本書は非常に完成度の高い研究と言えるが，若干の要望がないわけではない。第1に J. M. Birkinshaw and N. Hood に依拠した海外子会社の進化の議論に対するインプリケーションであるが，進化を能力の強化，裁量権や事業範囲の拡大の実現，成長の達成，と定義するならば，単に言葉の言い換えに過ぎず新たな説明を加えていない印象を受けた。やはり「進化」という語句は特定の意味合いを含む概念であることから，もしその語句に拘るならば，例えば進化経済学の諸議論を踏まえることで議論がより深まるのではと感じた（経営史の文脈で言えば，進化理論の経営史への適用を特集した *Business History* 誌 57 巻 5 号が参考となるであろう。掲載論文の1つは製薬産業を対象としている）。第2に歴史的実証において活用している資料の大半は子会社側の資料であった。もし本社の資料にアクセス可能であれば，本社側の戦略や意向を明らかにすることができ，本社と海外子会社の両方の観点からよりインタラクティブな歴史を描けるのではと感じた。

とは言え，いずれの要望も外在的なものに過ぎず，これらによって本書の完成度を損なうという類のものではない。もしも今後の研究において改めて取り組んでもらえる機会があるならば，本書の内容を補完，深化させる可能性があるのではと勝手ながら思う次第である。もちろんこれら要望とは関係なく，著者の研究は単純に早く次の著作を読んでみたいと思わせる力を持っている。一読者として引き続きの研究を心より期待している。

# ENGLISH ABSTRACTS

## USER QUALITY CONTROL IN ONLINE C2C PLATFORMS

*Rikiya Tsuchihashi*

Scholars in the fields of management and economics note the importance of gaining users and achieving network effects in online C2C platforms (OCP). Although the extant literature stresses the importance of network effects and the "quantity" of users, another important factor in OCP— the "quality" of users—is often ignored. Poor quality users harm the platform's reputation; their presence makes potential users hesitant to join it. Thus, we thus build a framework for managing users' quality in OCP, and, then, analyze how managing users' quality affects trust in C2C platforms and the transaction intention of users.

We build a framework for analyzing users' quality with two pairs of influential factors: ex-ante and ex-post, and top and bottom users. These two pairs lead to four quadrants. Quadrant 1 has ex-ante and bottom users; it signifies platform firms' behavior to restrict bad users from joining by ex-ante screening (entrance fees or some qualifications). Quadrant 2, which is ex-ante and top, signifies how platform firms attract superstars. Quadrant 3 is ex-post and top and signifies how platform firms educate and finally convert normal users to loyal ones. Quadrant 4—ex-post and bottom users—signifies how platform firms find users that satisfy their criteria; this helps to exclude the bad users already present on the platform.

To analyze this framework, the present study analyzes data obtained from OCP users of Mercari and Airbnb by distributing 461 questionnaires (Mercari $n=242$, Airbnb $n=219$) through a research company.

We find that: (1) controlling bottom users (limited participation) increases trust in C2C platforms, and (2) controlling top users (favorable treatment for high quality users) increases the transaction intention of users. This paper highlights the issue of users' quality in OCP by building a framework for managing it—something prior research neglected by focusing on network effects.

## THE CAUSES OF KEY PERSONNEL TURNOVER IN AN ACQUIRED FIRMS

*Fumiaki Nakamura*

This paper explores the causes of key personnel turnover in acquired firms from an analysis of post-acquisition structural change in the newly combined firms. Strategic and technological capabilities in acquired firms are likely to be embedded in the knowledge of senior managers and key employees. Thus, the retention of human capital has been recognized as an important antecedent of a successful acquisition. Existing research on the influential factors in the turnover mainly focuses on the transaction type and organizational relationship at the time the acquisition completed. However, the effect of dynamic structural change after acquisition has not been fully understood. It is well known that acquirers continuously change the structure of the target firm after acquisition according to their strategies and policies. We can predict that such a post-acquisition change can be an important background for their decision to remain with or leave the organization. In this sense, the mechanism of turnover needs to be understood based on not only the characteristics of the organization and acquisitions, but also the integration process.

We conducted a series of interviews with managers in six acquisitions that aimed at obtaining new technology. Our case analysis indicated that a post-acquisition approach of keeping an acquired firm as a subsidiary unit rather than integrating it into the acquirer's organization is not necessarily effective for retention of key human resources. This study found that if an acquirer implemented synergy realization with target assets and human resource while maintaining it as a subsidiary, the imbalance for key managers occurs between their position and authority in the unit. Finally, the imbalance resulted in their leaving the firm.

## DEVELOPMENT OF SPECIALTY CHEMICALS AND PROCESS INNOVATION: ANALYSIS BY MAIS APPROACH

*Yousuke Asai and Takuji Hara*

How does process innovation relate to new product development? The purpose of this paper is to find a provisional answer to this question from a detailed case study on the development process of a specialty chemical. In general, new product development is regarded as synonymous with product innovation. In addition, product innovation and process innovation are supposedly related to each other but clearly distinguished. Typically, these ideas are presuppositions of the famous Abernathy and Utterback (A-U) model of innovation. However, several studies have asserted that they do not hold in the area of specialty chemicals. This paper confirms the close relationship between new product development and process innovation in specialty chemicals with a detailed case study of resin P, developed by a Japanese company.

This paper analyzes the development process of resin P through the MAIS approach, which focuses on the interactions among material entities (M), actors (A), and institutional/structural factors (I/S) related to the process of new product development. The case analysis clarifies how various material entities, actors, and institutional/structural factors interact with one another and shows that process innovation is indispensable for the development of the new specialty chemical. It also reveals that individual actors such as a researcher who continued experiments under objections, organizational actors such as product development sectors and process development sectors that collaborated for the development of the new chemical, material entities such as the solvent, and institutional/structural factors such as cost estimation, environmental regulation, and corporate customers' approval were all related to the development of the product. The result also shows the effectiveness of the MAIS approach as an analytical method for innovation processes.

▶ENGLISH ABSTRACTS

# INTERDEPENDENT LOCATION CHOICE BEHAVIOR OF JAPANESE AUTO PARTS FIRMS IN CHINA: UNCERTAINTY, EXPERIENCES, AND ENTRY MODES

*Hideyuki Takenouchi and Ichiro Takahashi*

We explore the interdependent location choice behavior of Japanese auto parts firms in China at both the industry level and the product level. The international business literature has shown that foreign entrants prefer locations near other firms, particularly other firms from the same country or other firms from the same industry.

We test several hypotheses using a sample of 279 manufacturing plant entries into China by Japanese auto parts manufacturers between 1989 and 2005. First, the results show that Japanese auto parts firms are more likely to prefer locations near other Japanese firms in the same industry for subsequent entries into any region in China rather than for their first entry. Conversely, they are more likely to prefer locations near other Japanese firms that produce the same category of products for their first entry into any region in China rather than for subsequent entries. These findings are inconsistent with those of previous studies, which argue that FDI (Foreign Direct Investment) agglomerations no longer have an impact on location choices for subsequent entries by firms in a given industry. Our results suggest that there is a time lag between the effects at the industry level and those at the product level.

Secondary, the results show that Japanese auto parts firms are more likely to prefer locations near other firms in the same industry for entries that involve JVs with Japanese trading companies. These findings suggest that the roles played by Japanese trading companies include not only reducing information asymmetries but also integrating business groups.

# MOMENTUM AND DECELERATION IN CHANGE RESEARCH

*Kazuhiko Ozawa*

Researchers in change studies have been interested in the causes of change, and some scholars have paid more attention to the effect of previous change on further change. Existing studies have shown that previous change of a given type increases the probability of further similar change. This view, called the momentum hypothesis, has been dominant in prior studies. Based on the research on organizational routines, this view emphasizes that previous change allows organizations to create change routines and that the routinization of a given type of change increases organizational inertia and leads to similar subsequent change. However, a recent study challenged this view and provided an alternative hypothesis that the prior change of a given type decreases the likelihood of further similar change, known as deceleration. This recent study pointed out that the scholars of the momentum hypothesis tend to ignore the fact that previous change improves change routines. Based on behavioral theory, the study argued that by using refined change routines, organizations are likely to satisfy their outcome and reduce the need for further change. In summary, previous research on change studies has provided two contradictory hypotheses; however, there is little research to resolve this contradiction. Thus, the aim of this study is to examine existing studies critically and to reconcile this contradiction.

# THE EFFECT OF ORGANIZATIONAL CLIMATES AND TEAM DIVERSITY ON TRANSACTIVE MEMORY SYSTEMS: CLIMATES UNDER PRESSURE AND GENDER DIVERSITY

*Saki Onuma*

Transactive memory systems (TMSs) are known to play a role in determining team performance by assigning each team member with tasks most relevant to his or her skills and coordinating members' expertise. However, because not much is known about the negative and organizational factors of TMSs, this study examined the relationship between TMSs and organizational climates under pressure as the negative factor. Furthermore, this study investigates how certain factors mitigate negative effects on TMSs. Gender diversity is examined as an important aspect of the relationship because TMSs rely upon the cooperative division of cognitive labor in teams, and team diversity facilitates information sharing in groups. Thus, one purpose of this research is to examine how organizational climates under pressure and gender diversity influence TMSs. Another purpose is to examine how TMSs impact team performance. To achieve these purposes, data were collected from 25 teams of a Japan pharmaceutical company, including 183 followers and managers. The study yielded three major results: (1) High-pressure organizational climates were negatively related to TMSs. (2) Gender diversity moderated the relationships between high-pressure organizational climates and TMSs. The negative relationship between organizational climates under pressure and TMSs weakens as gender diversity increases, indicating that gender diversity reduces the negative effect of organizational climate under pressure on TMSs. (3) TMSs have a positive impact on team performance. The findings of this study suggest that (1) examining organizational climates under pressure as a negative factor is important in understanding TMSs' development and (2) gender diversity is a factor that mitigates the negative effects.

## 第43号の編集を終えて

本号は，投稿論文6本と書評1本を掲載しております。

本号の投稿論文の著者は，博士後期課程院生も含む青・壮年が中心で，東日本所属と西日本所属が半々です。研究分野としては，戦略論，組織論，企業論，イノベーション論，人事管理論，ナレッジ・マネジメント論，国際経営論など多様な領域を含みます。方法的にも，理論研究，1次資料あるいは2次資料を利用したサーベイ調査研究，フィールド調査に基づく事例研究などがあります。近年の経営学の動向の多様な諸側面を反映していると言えるでしょう。

近年の投稿論文ならびに書評希望図書の審査状況は次のようです。2017年の投稿数は40本，平均審査日数は146日，採択率は30％でした。2018年の投稿数は24本でしたが，なお審査が続いております。2018年の書評希望図書の申込数は6本，平均審査日数は49日，採択率は66.7％でした。

なお，私は2019年9月3日をもって，機関誌編集委員長を退任いたしました。投稿者，書評執筆者，査読者，担当編集委員の皆様のご努力に衷心より敬意と謝意を表します。

（前機関誌編集委員長　加藤志津子）

2019年9月に関西大学で開催された日本経営学会総会、新理事会を経て、渡辺敏雄先生（西日本編集責任者）とともに、機関誌の編集を担当することになりました井上善海（東日本編集責任者）です。

規定では、これから2年間は東日本編集責任者が委員長を、その後1年間を西日本編集責任者が委員長を担当することになっております。

機関誌編集にご尽力をいただいた前任者の加藤志津子先生、中瀬哲史先生のご指導をいただきながら、編集業務を滞りなく進めていきたいと思っておりますので、どうぞよろしくお願いいたします。

質の高い査読付き論文を掲載し、機関誌の水準を高めていくためには、投稿者、査読者、編集委員の相互信頼・協力関係が重要です。そのためにも、厳格な審査基準による公明正大な査読体制を維持していく所存です。

機関誌編集委員会では、常時、意欲的な投稿論文を受け付けております。若手研究者に限らず、すべての会員の皆様の研究成果発表の場として『日本経営学会誌』をご活用いただきますよう、重ねてお願い申し上げます。

（機関誌編集委員長　井上善海）

《日本経営学会誌編集委員》

前委員長　加藤志津子（2019.9.3 まで）　　　　　前副委員長　中瀬哲史（2019.9.3 まで）
委 員 長　井上善海　　（2019.9.4 より）　　　　　副 委 員 長　渡辺敏雄（2019.9.4 より）

（東委員会）　　　　　　　　　　　　　　　　　　（西委員会）
前編集業務遂行責任者　加藤志津子（2019.9.3 まで）　　前編集業務遂行責任者　中瀬哲史（2019.9.3 まで）
編集業務遂行責任者　加藤志津子（2019.9.4 より）　　　編集業務遂行責任者　渡辺敏雄（2019.9.4 より）
井上真由美　大森 信　竹内竜介　竹内規彦　　阿辻茂夫　小沢貴史　木野龍太郎　中道一心
谷口勇仁　長山宗広　水野由香里　三和裕美子　　庭本佳子　三崎秀央　宮本琢也　三輪卓己
　　　　　　　　　　（以上、任期 2022 年まで）　　　　　　　　　　　（以上、任期 2022 年まで）
井口知栄　糸久正人　井上善海　小阪玄次郎　　池内秀己　伊藤博之　小野善生　神吉直人
西野和美　西村孝史　藤原雅俊　三井 泉　　　関 智宏　中瀬哲史　吉村典久　渡辺敏雄
　　　　　　　　　　（以上、任期 2020 年まで）　　　　　　　　　　　（以上、任期 2020 年まで）

---

## 日本経営学会誌〈第43号〉

2019 年 10 月 31 日　発行

編　者　日 本 経 営 学 会
　　　　〒162-0808　東京都新宿区天神町 78
　　　　日本経営学会事務所
　　　　Tel. 03-3267-0200
　　　　http://www.keiei-gakkai.jp/

発行所　株式会社 中央経済社
　　　　〒101-0051　東京都千代田区
　　　　神田神保町 1-31-2
　　　　Tel. 03-3293-3371　Fax. 03-3291-4437
　　　　E-mail:info@chuokeizai.co.jp
　　　　http://www.chuokeizai.co.jp

---

©日本経営学会 2019 Printed in Japan
ISBN978-4-502-32401-7　C3034

印刷／製本・株式会社 大藤社